JN116446

格差社会の謎

—— 持続可能な社会への道しるべ ——

福田　泰雄著

創風社

はしがき

　1980 年代以降，新自由主義体制の下で，資本主義は急速にグローバル化する。巨大資本はそのビジネスのグローバル展開を互いに競い合う。しかし，今日ますます多くの人々がそのグローバル化に対して疑念を抱く。なぜなら，グローバル化の進展とともに南北間のみならず，各国内で所得格差が拡大し，ワーキングプアが広がってきたからである。この格差拡大に現代資本主義の深刻な病巣がある。日本財団が行った 18 歳の若者に対する意識調査によれば，72.3％の若者は世界的に格差が拡大していると答え，また 61.6％が今後とも格差は拡大すると答える。

　2011 年 9 月 17 日に始まる「ウォール街占拠運動」もまたその動機は，上位 1％への所得と富の集中，その下で行われた，大手金融企業，富裕層に対する減税，さらには教育，医療，介護，これら公共サービスの削減，これに対する怒りであった。占拠運動は，当初学生などの若者が中心であったが，その後，市民運動，労働組合を巻き込み，全米各地そして世界に広がる。

　2020 年春以降のコロナ感染の広がりは，現代資本主義の分断的特質を改めて指し示すことになった。わが国では，感染の広がりとともに女性を中心として 150 万人以上の非正規雇用労働者が，職を失い，あるいは必要な労働時間を確保できずに，食費，家賃の支払い難に陥る。その一方，100 万ドル（1.1 億円）を超える純金融投資資産を保有する人々は，2019 年の 146.6 万人から 2020 年の 153.5 万人へ着実に増加する（Capgemini, *World Wealth Report 2021*）。

4

　世界では，コロナ禍で1.14億人が失業し，女性は8000億ドルの所得を失う。一方，世界の富豪2690人は，2020年3月以降，新たに5.5兆ドルの富を積み増す。アメリカでは，アマゾンのJ.ベゾスは，コロナ禍の16ヶ月で資産を88.8％（994億ドル），テスラのE.マスクは532.0％（13,820億ドル），フェイスブックのM.ザッカーバーグは130.6％（715億ドル），いずれも巨額の資産を積み増す（Inequalist. org, August 11, 2021）。

　格差が拡大し分断が進む社会は持続性を持たない。国連は，2015年にあらゆる貧困と格差からの自由，人権が保障され，地球環境が保全される社会の実現を目指し，その社会変革のための15の目標を掲げる（SDGs）。そのうち，第1目標が貧困解消であり，第2目標としてフードセキュリティの実現，そして第10目標として国内外での格差解消を掲げる。

　途上国を中心に世界の貧困，格差の現実に立ち向かうNGOのオックスファムは，貧困と格差拡大の原因が今日の資本主義システムの欠陥，搾取性にあるとして，より良い社会の実現に向けた社会変革を提言する。変革の第1の課題として格差の解消，続いて公共サービスの充実，働き甲斐のある人間らしい労働の実現，公平な税負担，気候変動対策を掲げる（2021年1月25日）。

　しかし，国連が第1目標に掲げる，貧困と格差の解消をどう実現するのか。あるいは，オックスファムが指摘する，格差拡大をもたらす資本主義システムの欠陥とは何か。システムが搾取的であるとはどういうことか。ここに格差社会の謎がある。本書の課題は，独占資本への経済的かつ政治的権力の集中，そのことによってもたらされる独占資本への所得と富の集中という視点から現代資本主義の歪められたシステムの内実を明らかにし，未来社会への道筋を示すことにある。

　これまで新古典派ミクロ経済学を分析の基礎に置く主流派経済学は，格差の問題に対して，その解明と対策を示し得てこなかった。新古典派経済学は，他者の干渉を受けない「独立かつ対等な」個人・企業の集合体として資本主義経済を捉える。そこには権力，交渉力の強弱という概念は存在しない。こうした現実離れの仮定に基づけば，格差は個人の能力（生産性），自己選択の問題とされ，格差対策の中心も教育による各個人の生産性向上に限定化されざるを得ない。

　しかし，格差拡大の焦点は，ボトム層の問題ではなく，上位1％への所得集中にあり，その集中の仕組みにある。そこにシステムの欠陥がある。一部独占資本への権力集中が，働きに応じた公正な分配を歪め，独占資本とその担い手に所得を集中する。その結果が格差と貧困拡大である。また，独占資本への権力集中は，農業エコロジーを破壊し，農業の持続性，フードセキュリティを脅かす。独占資本への権力集中と，社会および生命の持続性とは両立しない。それゆえ，この独占資本への権力集中に対する規制，解体がより良き社会実現の前提となる。

　私がこれまで研究を続けてこられたのは多くの方々のご恩があってのことである。健康に関して，私は専門医の先生方に幾度となく救われてきた。肥大化した下垂体腺腫を取り除く手術で命を救っていただいた虎の門病院の山田正三先生，体調不良の原因が下垂体腺腫にあることを突き止めていただいた当時立川病院の田島内科医，右手首の複雑骨折を元通りに修復してくださった南多摩病院の泉山公先生，網膜剥離を初期段階で発見し対処いただいた当時群馬大学病院の岸章治先生，二度目の低ナトリウム血症を発症し意識障害を起こす中，即座に入院対応

6

措置を取っていただいた当時国立国際医療研究センター病院の三森明夫医師，これらの専門医の方々に巡り合っていなければ，私は研究を続けることはできなかった。岸医師と三森医師は，高校時代に同じバスで通学した仲であり，年月を超えた不思議な縁を感じる。この場を借りてお世話になった先生方に心から感謝を申し上げたい。

国立の磯野研究館にて

目　次

8

格差社会の謎

——持続可能な社会への道しるべ——

第1章　格差拡大と独占資本

はじめに

　戦後，資本主義経済は，貧困問題を解決したわけではないが，経済成長に伴うトリクルダウン効果により，ボトム層の引き上げと中間層の厚みをもたらしてきた。しかし，オイルショック後の成長鈍化とそれに伴う新自由主義政策の導入により，それまでの分配構造は大きく変化する。

　上位層，とりわけ上位1％，0.1％層への所得と富の集中であり，他方，中間層の所得の伸びの鈍化と貧困層の拡大である。しかも，上位層の富は相続によって次世代に引き継がれ，他方貧困層は子どもの貧困を生み，格差の拡大と固定化が進む。新たな格差・分断社会の出現である。

　以下，本章では，まず世界的スケールで富と所得の上位1％への集中が進むこと，その中でアメリカが上位1％への富と所得集中を最も先鋭化させ，社会の分断化をリードする実態を確認する。その上で，そのアメリカの上位1％層に焦点を当て，その職種と所得の源泉を明らかにする。そのことによって，格差拡大の背後には独占資本としての少数巨大多国籍企業への所得集中が存在すること，従って格差社会は，単なる世帯間格差の問題なのではなく，その背後の独占資本への所得集中の問題であることを確認する。

図1-1　富のピラミッド（世界，2020年）

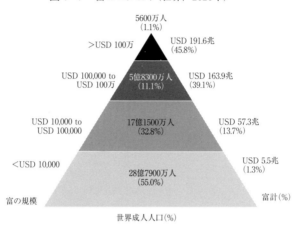

（出所）Credit Suisse (2021) *Global Wealth Report 2021*, June, 2021, Figure1 (p.17)

第1節　新たな格差社会

　図1-1は，世界の資産（純）の分配状況を見たものである。資産100万ドル（約1.1億円）以上を所有する成人は5600万人，世界の成人人口の1.1％である。他方，約29億人，人口比で55％のボトム層の資産は1万ドル（約110万円）に満たない。上位1.1％が資産全体の45.8％を所有し，ボトム層55％の資産シェアは1.3％でしかない。この富のピラミッドを2009年のものと比較すると，資産100万ドル以上を保有する成人は，2420万人（0.5％）から5600万人（1.1％）に増加すると同時に，そ

の資産シェアは 35.6％から 45.8％へ約 10 ポイント上昇する。反対に，資産 1 万ドル未満の成人層はその資産シェアを 4.2％から 1.3％へ下げる。上位 1 ％層への資産集中が進む。オックスファムによれば，2017 年の 1 年間の富の増加の 87％は上位 1 ％に帰属し，下位 50％はその富の増加に預かることはなかった[1]。この富のピラミッドの頂点を構成するのがアメリカ人，一段落として中国人，ドイツ人，イギリス人，日本人が続く。

　第 1 に，資産（世帯）の地域別分析を見ると，北米 32.6％，ヨーロッパ 24.7％，中国 17.9％，これら 3 地域で 75.2％を占める。世界の富は北米を中心に，ヨーロッパ，そして新たな経済大国中国に集中する。第 2 に，これら資産集中地域において，上位 1 ％への資産集中が進む。2000 年から 2020 年にかけて，上位 1 ％の資産シェアが，アメリカでは 32.8％から 35.3％，イギリスでは 22.5％から 23.1％，中国では 20.9％から 30.6％へ上昇する。日本の場合，2010 年から 2020 年にかけて上位 1 ％への資産シェアは 16.9％から 18.2％へ上昇する[2]。

　世界の富は，まずアメリカに，そしてヨーロッパ，中国へ，しかも各国の上位 1 ％へ集中する。その頂点に立つのがアメリカである。

　所得分配についても富の分配と同様の傾向を示す。富の増加は所得増加が前提となり，また富の増加はその利殖により所得増加を伴うからである。図 1-2 は，世界の所得階層（百分位）について，1980 年から 2016 年にかけて実質所得がどれだけ増加したのか，その増加率を示したものである。そこには，3 つのパターンを確認することができる。

　1 つは，世界の下位 50 グループであり，所得増加率は 100％を超える。これは開発途上国の産業化によるものであり，途上

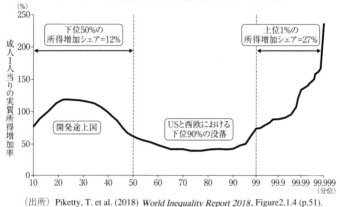

図1-2　世界各百分位の所得増加（1980-2016年）

（出所）Piketty, T. et al. (2018) *World Inequality Report 2018*, Figure2.1.4 (p.51).

国はこの間の世界の所得増加の12%を獲得する。

　2つは，下位50分位から90分位，主にアメリカ，西欧，これら先進国の中間層であり，この階層の所得増加率は50%に満たない。中間層の相対的没落である。

　3つは，上位0.1%，1%であり，この上位層は中間層を大幅に上回る所得増加を実現し，世界の所得増加の27%を獲得する。このように，図1-2は，ボトム50%層，下位50%から90%の中間層から上位0.1%，1%への所得集中の実態を示す。

　この上位層への所得集中を各国単位で見ると，上位1%への所得集中が最も進むのがアングロサクソン諸国，とりわけアメリカ，そして中国である（図1-3）。アメリカでは，上位1%の所得シェアは，1980年の約12%から2010年の20%へ約2倍に上昇する。2009年から2014年について見れば，アメリカ全体の所得増加の58%を上位1%が占める[3]。

　世界の国民所得の分布は，アメリカ・カナダが27%，EUが

図 1 - 3　　上位1％の所得シェア推移（1920 − 2015年）

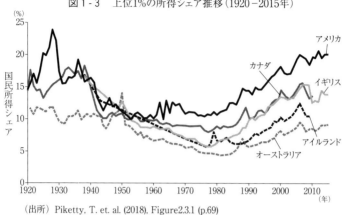

（出所）Piketty, T. et. al. (2018), Figure2.3.1 (p.69)

23％，中国が 15％を占める（2016 年為替レート）。それゆえ，これらの国で上位 1％への所得集中が進めば，グローバル単位でも上位 1％への所得集中が進むことになる。この世界的な上位 1％への所得集中が進む中，その集中をリードしてきたのがアメリカであった。格差拡大の謎を解く鍵はアメリカにある。

第 2 節　上位 1％の所得源泉

　問題は，1980 年代を境に上位 0.1％，1％への所得集中が進むのはなぜかである。この謎解きの第一歩として，上位 1％への所得集中を最も先鋭化させ，また世界をリードしてきたアメリカについて，上位 0.1％，1％層の職業と所得源泉を確認する。

　ピケッティとサエズは，アメリカの上位 0.1％の所得増加の63 ％ は，労 働 所 得（salary income）と 事 業 所 得（business income）であることを明らかにした[4]。しかし，この労働所得，

16

図1-4 上位1%への所得集中と職種別構成（含キャピタルゲイン）

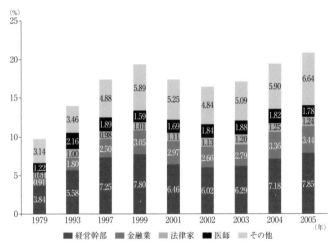

（注）Bakija,J., A.Cole, and B.T.Heim (2012) "Jobs and Income Growth of Top Eaners and the Causes of Changing Income Inequality: Evidence from U.S. Tax Return Data," *Dept. of Economics Working Paper*, Williams College, February 2012, Table6aを基に作成。

事業所得とは何か。バキジャ等は，この労働所得，事業所得について，その上位層の職業分析からより具体的内容に迫る[5]。バキジャ等の分析は1979年から2005年までを対象とする。2005年の分析データを見ると，所得上位1％の人々の職種は，CEOを初めとする経営幹部が30.0％，金融業が13.2％，両者で43.2％を占める。所得シェアでは，これら2つのグループが上位1％の所得の53.9％と過半数を占める（図1-4）。

同じく所得上位0.1％について見ると，経営幹部が41.3％，金融業が17.7％，両者で59.0％を占める。上位0.1％の所得シェアでは，経営幹部が45.2％，金融業が19.8％，両グループで65.0％を占める[6]。

上位1％にせよ，上位0.1％にせよ，CEOを初めとする経営幹

部が職業にしても，その所得シェアでも最大グループを形成し，金融化の波にのった金融業がそれに続く。バキジャ等が分析対象とした 1979 年から 2005 年にかけて，所得上位 1 ％の所得シェアは，9.7％から 21.0％に上昇する。その上昇分の 58.2％を経営幹部と金融業が占める。また，上位 0.1％はその所得シェアを 3.3％から 10.3％に高めるが，そのシェア拡大の 67.5％を経営幹部と金融業が占める。なお，日本においても長者番付の上位を大手企業の役員およびオーナー社長が占める。

　所得格差の拡大と大手非金融業，金融業の経営幹部への所得集中は，アメリカに限らず各国で確認され，違いは程度の差である。しかし，そうした経営幹部の報酬の増大，所得集中はなぜ生じたのか。これまでその説明をめぐり，いくつかの仮説が提示されてきた。グローバル化仮説（P. R. クルーグマン），スキル傾斜型技術進歩仮説（L. カッツ，S. N. カプラン），スーパースター仮説（S. ローゼン）である。いずれの仮説も上位 1 ％層，あるいは CEO を初めとする経営幹部の個人的能力，生産性に所得増大，所得集中の根拠を求める。果してそうであろうか。

　図 1-5 は，アメリカについて，売り上げ上位 350 社の CEO と典型的労働者（フルタイム，年間雇用，製造業，非管理職）との間の報酬格差の推移を追ったものである。報酬格差は，1978 年の 31.4 倍から上昇し始め，2020 年には 351.1 倍に広がる。

　さらに，賃金所得上位 0.1 ％層との比較でも，CEO 報酬は 1990 年代以降格差を広げる。上位 1 ％層の賃金に対する CEO 報酬の比率は，1947 年から 1979 年の平均 3.18 倍から 2020 年には 6.44 倍に上昇する。CEO 報酬は，1978 年以降 1322％という突出した伸びを示す[7]。

　その増大する CEO 報酬の中味についてより詳しく見たのが図

図1-5　典型的労働者の報酬に対するCEO報酬の倍率（1965－2020年）

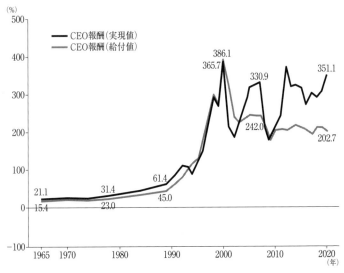

（出所）Mishel, L. and J. Kandra (2021) "CEO Pay Has Skyrocketed 1,322% since 1978: CEOs Were Paid 351 Times as much as a Typical Worker in 2020," Economic Policy Institute, August 10, 2021, Figure A.

1-6 である。図 1-6 は，アメリカの売り上げ上位 350 社の CEO 報酬の構成を示したものである。それによると，株式贈与，およびストックオプションが CEO 報酬の 7 割を超える。残りの 3 割弱がサラリーとボーナスである。株式報酬がボーナス，サラリーの 2 倍を超える。そのため，大手企業の経営幹部は，自己の報酬の引き上げにつながる，配当，自社株購入への利益配分比率を高める。アメリカの S&P500 社は，2000 年代，毎年営業利益の 60％以上を配当と自社株購入に支出する。住宅バブル末期の 2007 年，2008 年，その後も 2016 年，2020 年には配当および自社株購入額が営業利益を上回る[8]。

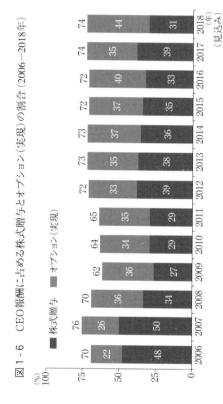

図1-6　CEO報酬に占める株式贈与とオプション（実現）の割合（2006−2018年）

■ 株式贈与　　■ オプション（実現）

（出所）Mishel, L. and J. Wolfe (2019) "CEO Compensation Has Grown 940% since 1978: Typical Worker Compensation Has Risen only 12% Durring That Time," Economic Policy Institute, August 14, 2019.

配当の増額は株式投資収益率を引き上げ，株価上昇につながる。また，自社株購入によって市場の発行済株式数が削減されれば，株価押し上げ効果が生じる[9]。S&P500社の営業利益が増加する下で，配当および自社株購入比率が引き上げられた結果，2019年の配当と自社株購入の金額は1.2兆ドル（約132兆円）を上回る。株価引き上げをもたらす株式市場への企業利益の投入であり，株主への莫大な利益還元である[10]。

要するに，CEOを初めとする経営幹部は，一方でサラリー，ボーナスに加え，株式贈与，ストックオプションという形で株式による多額の報酬を得ると同時に，他方で同じく経営自身の決定によって企業利益を大量に株式市場につぎ込むことによって株価上昇を作り出し，高額配当と合わせて莫大な報酬を手に入れているのである。経営者による株価操作であり，個人の能力とは無縁である。

株主への多額の利益環元は，アメリカ大手企業に限定されない。世界の主要企業（約15,000社）は，この10年で配当プラス自社株購入を2倍に増やし，2018年度その額は2兆378億ドル（約224兆円）に登る[11]。

ピケッティは，格差拡大の主要な原因を資産格差の拡大，およびその資産収益率 γ が経済成長率 g を上回る，つまり $\gamma > g$ に求めた。つまり，資本収益率 γ が所得・経済成長率 g を上回る結果，もともと資産を多く持つ者は，働いて収入を得る者より多くの所得を手に入れ，さらに資産格差が拡大していくと主張する[12]。

しかし，そもそもなぜ経済成長率 g ＜資本収益率 γ となるのか。ピケッティはその根拠を示してはいない。富と所得格差拡大の背後には，大手企業の経営幹部に対する多額の報酬，とり

わけ株式による報酬がある。その経営幹部自らが莫大な配当支払い，自社株購入を実施することによって，従業員報酬を上回る役員報酬の伸びを実現してきたのである。

　先に，所得上位 0.1％，１％層の職業構成に関して，経営幹部に続いて金融業が第２グループを形成することを見た。その金融業の報酬シェア拡大も，大手企業による配当支払い，自社株購入という形での企業利益の株式市場への大量投入と無関係ではない。この利益投入による株価上昇によって，一般個人，さらには海外投資資金も株式市場に流入し，株式を組み入れた金融証券取引が膨張すれば，それだけ金融機関の利益が増大し，その経営幹部への報酬が増加するからである。

第３節　独占資本への所得集中

　翻って，独占資本としての大手企業は，なぜ営業利益の 60％を上回る株式への利益環元を行うことができるのか。そこには，独占資本への所得集中と余剰資金の積み上げがある。世界の主要企業は，多額の株主環元を行ってもなお巨額の余剰資産を手元に持つ。世界の主要企業（約 15,000 社）は，2017 年末までの過去 10 年間で現預金を 2.5 倍に増やし，10.3 兆ドル（約 1133 兆円）の現預金を保有する[13]。アメリカの独占企業は，現預金に換金性の高い有価証券等の資産を加えた広義の手元資金を 2010 年以降 50％積み増し，２兆 8000 億ドル（約 308 兆円）保有する。アップル，フェイスブック，アルファベット（グーグルの持ち株会社），アマゾン，これら GAFA にマイクロソフトを加えた IT ５社は，2017 年時点でも手元資金 5601 億ドル（約 62 兆円）を保有する[14]。

22

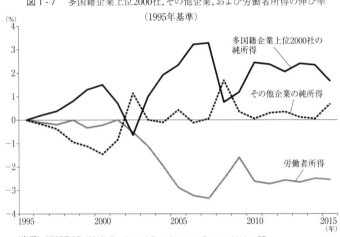

図1-7　多国籍企業上位2000社,その他企業,および労働者所得の伸び率
(1995年基準)

（出所）UNCTAD (2018) *Trade and Development Report 2018*, p.57.

　わが国においても，資本金10億円以上の大手企業は，2000年から2019年にかけて内部留保を2.2倍に増やし，しかもその内部留保の74.3％（2019年）を有価証券として保有する。また，上場企業は，2000年中頃以降，手元資金を積極的に積み上げ，その額は110兆円を上回る（2019年12月末時点）。

　今日，独占資本における余剰資金，手元資金の積み上げの背後には，独占資本への所得集中がある。研究開発を除く設備投資の伸びが勢いを欠く下で，独占資本への所得（利益）集中が進めば，設備投資資金を上回る余剰資金が積み上ることになる。図1-7は，世界の株式時価総額上位2000社の多国籍企業の純利益，それ以外の企業の純利益，そして労働所得について，1995年を基準にその増減を追ったものである。それによると，多国籍企業上位2000社は1年を除き毎年プラスを維持する一方，それ以外の企業は，1995年基準の水準で横バイに推移し，労働者所得は減少を拡大させる。独占資本への所得集中であり，労働

所得から独占資本へ分配シフトが進む。

　要するに，アメリカを初めとする多国籍企業，この独占資本への所得集中がまず存在し，その結果として設備投資資金を上回る余剰資金が蓄積される。その余剰資金は，手元資金の厚みを増す一方，高額な役員報酬に加え，大規模な自社株購入，配当支払いを可能とする。この株主への利益環元は，株価上昇と金融ビジネスの膨張をもたらし，金融ビジネス利益，ひいては金融幹部の報酬をも引き上げる。それゆえ，上位 1 ％への所得と富の集中は，その元をたどれば独占資本への所得集中が起点をなす。

　それゆえ，今日の格差社会の謎は，ボトム層にではなく，また経営者層の個人的能力にあるのでもない。独占資本への所得集中がなぜ進むのか，そのメカニズムに格差社会の謎がある。

　生産された付加価値が社会の中でどのように分配されるのか。それは，互いの権力・交渉力に応じて決定される。それゆえ，独占資本への所得集中のメカニズムの分析に先立ち，分配を決定付ける，独占資本の権力とは何かをまず明らかにしておく必要がある。

第2章　現代独占資本の権力

はじめに

　上位1％への所得と富の集中の謎は，実は独占資本としての大手多国籍企業への所得と富の集中の謎に他ならなかった。労使間の分配でも，企業間の分配でも，分配には権力関係が関わる。本章では，資本主義においては，資本の権力がその分配決定のイニシアティブを握ることを確認した上で，資本主義の歴史的発展の産物である現代独占資本の権力とは何か，その内実に迫る。

第1節　分配と権力

　資本主義における分配と権力の関係を単純かつ明瞭に示したのがA.スミスである[1]。マニュファクチュア時代の経済学者であったスミスは，『諸国民の富』において，労働者（職人），資本家（親方），土地所有者の三大階級の間で，所得（付加価値）がどのように分配されるのか，そのメカニズムを説いた（第1編）。スミスはその第1編第8章「労働の賃金について」において，利潤と賃金の間の分配を資本の権力問題として論じる。

　労働者と資本家の間の分配決定の出発点は，分配の対象となる付加価値の形成である。資本家は原材料を前貸し，労働者は原材料の加工作業を通じて，原材料に価値を付加する。労働投下による付加価値形成である。「労働がついやされることによっ

て原料に付加される価値」(『諸国民の富』67 ページ), この付加価値が分配の対象となる。

　原材料を前貸しした資本家と価値を付加した労働者の間でこの付加価値をどう分割するか, それは「両当事者間に通常むすばれる契約に依存する」(同書, 68 ページ)。しかし, 全体のパイが与えられている以上, そうした分割契約は利害の対立を伴う。つまり「職人たちはできるだけ多く獲得したがり, 親方たちはできるだけすくなく与えたが」(同所) る。そのため職人たちは「労働の賃金を引きあげるために団結し」, 親方たちは賃金を「引き下げるために団結する傾向がある」(同所)。

　このように, 分割をめぐる契約は, 互いの交渉力という力関係によって決定せざるを得ない。その場合, 優位に立つのは親方(資本家)の側である。「通例すべてのばあい, 争議において両当事者のどちらが必ず他を強制して自分たちの条件に服従させるか, ということを予見するのは困難なことではない」(同所)。スミスは, 分割・分配をめぐる労使間の対抗関係の現実を考察することによって, 経営サイドが主導権を握る根拠を3点指摘する。

　第1は, 労働市場の特性である。経営者側は「その数がよりすくないから, はるかにたやすく団結でき」(同所) る。「親方たちは, いつでも, またどこにいても, ある種の暗黙のうちに, 絶えず団結を結び, 労働の賃金をその現実の率以上にひきあげまいとしている」(同所)。他方, 労働者たちは数が多く, 団結しにくい。交渉においては, 価格決定の3面的競争(売り手間競争, 買い手間競争, 売り手と買い手の間の競争)がそのまま当てはまる。足並みをそろえて団結して対抗する側が優位に立つ。団結が成立せず, 互いに競争し合えば, 足の引っ張り合い

となり，競争相手は余裕を持って譲歩を迫ってくるからである。今日の日本の状況に当てはめて言えば，労働組合が存在しない，あるいは存在しても企業組合化し，さらに同じ職場に正社員，派遣社員，パート，契約社員，これら契約形態の異なる社員が雇用され，労働者が互いに分断されれば，労働者サイドは団結して経営サイドと労働条件の交渉を行うことができない。

　スミスが経営優位の第2の根拠として指摘したのが政府の役割である。資本主義において，国家は，その資本主義社会の基礎をなす私有財産，とりわけ資本の財産権の保護をその基本的役割とする。分配をめぐる争議は，社会の秩序を乱し，営業活動という資本の財産権を損なうが故に「法律は，親方たちの団結を権威づけ，否すくなくともこれを禁止しないのに，職人たちの団結を禁止している」（同所）。当時の団結禁止法の存在である。

　さらに，国家は時として「官憲」（同所）という治安権力をもって争議に介入する。「親方たちもその相手に対して同じようにさわぎたて，声高く官憲の援助をもとめ，また使用人，労働者および日雇職人の団結をきわめて厳重にとりしまるために制定された諸法律を厳格に適用することをもとめてやまない」（同書，69ページ）。

　スミスの指摘した資本権力の第2論点も，過去の話ではない。イギリスのサッチャー政権，アメリカのレーガン政権は，後述の新自由主義政策の導入に際し，その障害となる組合とそのストライキに対し，国家権力を行使して弾圧する。日本においても中曽根政権は，労使協調路線での組合統一の妨げとなる日本労働組合総評議会（総評）を解体するため，その砦として残された国鉄労働組合を分割，解体する。その後，各国とも労働者

の団結を困難とする政策が導入されていく。

　経営優位を支える第3の根拠は，資金力の差である。争議の際，経営者側は長期に持ちこたえられても，労働者は収入が断たれると，すぐに生活に行き詰る。「争議のばあい，親方たちははるかに長時間もちこたえることができる。地主，農業者，親方製造業者または商人は，たとえ職人を1人も雇用しないでも，既存の資材で，1年や2年ぐらいは生活しようと思えばできる。多くの職人は，仕事がなければ，1週間とは生存できぬであろう」（同書，68ページ）。この資本力の差は，今日のストライキ闘争においても同様に当てはまるが，今日，資本家サイドの資金力は，政府の買収，政官財癒着形成の財源として新たな役割を担う。

　労働者と資本家の間の分配において，資本サイドがイニシアティブを持つ。イニシアティブの根拠は，①資本サイドの団結力，②国家の政策，③資本サイドの資金力であった。これら資本の権力は，生産手段の私的所有に基づく資本家階級の権力の具体化である。

第2節　資本主義の発展と権力

（1）産業資本主義

　スミスは，利潤と賃金の分配決定において資本が主導権を持つこと，そしてその主導権の根拠を資本サイドが持つ権力に求めた。その資本は，資本主義の発達とともにその権力基盤を拡充，強化していく。それは，労働者側での組合結成等，労働者側の対抗力の高まりへの対応でもあるが，同時により多くの利潤を求める資本の蓄積行動の結果である。

　産業革命を経て資本は，科学技術に裏付けられた生産力を手

に入れる。生産過程への機械の導入である。

　機械の導入は，第 1 に熟練を解体し，労働者側の抵抗力を打ち破る。生産の現場において，生産を支える熟練という労働者の資質が機械に取って代えられれば，生産力は資本の所有，管理とするところとなり，資本の権力となる。マルクス[2]は，資本主義における生産力の私物化とその資本権力への転化について次のように述べる。

　「物質的生産過程の精神的諸能力を，他人の所有として，また彼らを支配する権力として，対立させるということは，マニュファクチュア的分業の一産物である。この分離過程は，個々の労働者たちにたいして資本家が社会的労働体の統一性と意志とを代表している単純な協業に始まる。この過程は，労働者を不具にして部分労働者にしてしまうマニュファクチュアにおいて発展する。この過程は，科学を独立の生産力として労働から切り離しそれに資本への奉仕を押しつける大工業において完了する」（『資本論』S.382）。現代においては，生産活動に不可欠となった情報のネットワーク管理を経営サイドが所有し，労働者，さらには中小企業をその権力の従属下に置く。

　機械の導入は，第 2 に合理化による失業（産業予備軍）を生み出す。機械による労働の代替であり，合理化によって産業予備軍が形成される。産業予備軍は，景気上昇期には労働者供給のプールとして機能し，景気後退期にはそのプールを拡大させる。

　今日，グーグル，フェイスブック等の IT 産業は，運用する資本規模に比べて雇用者数は少ない。スミスは，マニュファクチュア時代の経済学者であったが故に，資本蓄積は労働需要の比例的増加を伴うと考えた。生産規模が 2 倍になれば，雇用も 2 倍

になると考えていたのである。その後の産業革命は，機械による労働の代替を進め，産業予備軍を生み出し，その存在は資本の新たな権力基盤となる。産業予備軍の存在は，われ先に職を得ようとする労働者間の競争をあおり，労働者側の団結力を弱め，その結果，分配決定における資本側の交渉力を高めるからである。今日における非正規雇用拡大も，労働者間に団結ではなく，分断を持ち込み，資本側の立場を優位とする。

（2）独占資本主義

資本主義は，自由競争が支配する産業資本主義を経て，20世紀初頭，少数巨大資本が高い市場シェアによって市場を支配する独占資本主義に移行する。この移行により資本は，独占資本として，それまでに獲得した権力に加え新たな権力基盤を築く。その結果，配分をめぐる対立は，資本対労働から，独占資本対労働者・中小企業・自営業・消費者，さらには途上国との対立へと移行する。この独占資本と他のステークホルダーとの対立構造において，独占資本は分配決定のイニシアティブを握る。問題は，そのイニシアティブの根拠となる独占資本の権力とは何かである。

20世紀初頭に成立した独占資本主義における巨大資本の権力を分析したのが，イギリスのエコノミスト J.A. ホブスン[3]，ドイツ社会民主党の理論家であった R. ヒルファーディング[4]であり，この両者の研究成果を受けて，新たに統計データを加え，権力と腐敗という視点から独占資本主義を分析したレーニン[5]であった。

資本が独占資本として獲得した新たな権力基盤の第1は，高い市場シェアである。「劇的な競争の時期に続いて急速な合併の

過程が起り，少数の産業指揮者の手に莫大な富を与えた」（ホブスン『帝国主義論』上巻，129 ページ）。高い市場集中の実現は，独占資本に富とともに市場支配力をもたらす。取引条件の決定権である。

　さらに，この少数企業への市場集中は，企業間の協調，カルテルを可能とし，協調の成立によって独占資本の市場支配はより強固なものとなる。

　「数十の巨大企業にとっては相互のあいだで協定に達するのは容易であり，他方では，まさに企業が大規模であることが競争を困難にし，独占への傾向を生みだす」（レーニン『帝国主義論』22 ページ）。「イギリスでは，企業家の独占団体，すなわちカルテルやトラストが発生するのは……多くのばあい，競争する主要な企業の数が『2 ダースほど』になるときだけである」（同書，25 ページ）。

　市場集中はカルテルの基盤となり，カルテルは「販売条件，支払期限，その他について協定する。それは販路を相互のあいだで分割する。それは生産する生産物の量を決定する。それは価格をきめる。それは個々の企業に利潤を分配する，等々」（同書，28 ページ）。カルテルによって独占資本による市場支配力はより確実なものとなる。

　個別市場での少数巨大資本へのシェア集中は，その市場規模に応じて少数巨大資本への富の一般集中を高める。1907 年当時，ドイツでは企業数で 0.9％の大手企業約 3 万社が労働者の 39.4％を雇用し，「蒸気力と電力の 4 分の 3 以上をもっている」（同書，21 ページ）。アメリカでは，1909 年当時，企業数で 1.1％の大手3060 社が労働者の 30.5％を雇用し，生産の 43.8％を占めた（同書，22 ページ）。

この独占資本への富の集中は，その財力を用いた政府の買収を可能とする。政官財の癒着であり，独占資本による国家権力の取り込みである。これが独占資本の第2の権力基盤をなす。

「独占は，ひとたび形成されて幾十億の金を自由にするようになると，絶対的な不可避性をもって，政治機構やその他どんな『特殊性』にもかかわりなく，社会生活のすべての側面に浸みこんでいく」（同書，75-76ページ）。政官財癒着は，産業資本，金融資本を問わない。「金融業者の富……は，彼らをして帝国的政策の主要な決定者たらしめる。彼らは……彼らの意志を国家の政策の上に強要する最も豊富な手段をもっている」（ホブスン『帝国主義論』上巻，111ページ）。政官財癒着は，独占企業のカネによって形成され，人的結合によって固まる。「官使が銀行に転職する」，あるいは「カルテル委員会の委員」を務めた「官使」が「最大のカルテルである鉄鋼シンジケートで高給の地位を手に入れた」（レーニン『帝国主義論』76ページ）。天下りであり，独占資本による官の買収である。

独占資本は，国家の私物化により「大都市の近郊での土地投機」（同書，74ページ）など，政商ビジネスを展開し，国外にあっては植民地政策を押し進めた。独占資本への所得集中は，国内市場の飽和を招き，海外への資本輸出，海外市場への進出を不可避とするからである。この海外進出は，各国の独占資本の間で市場をめぐる競争，対抗をもたらす。この競争において，「対抗者から競争のあらゆる可能性をうばう」有効な手段が「すべての原料資源を一手ににぎ」ることであり，その原料資源の独占を成功させる「完全な保障」が「植民地の領有」（以上，同書107ページ）であった。独占資本による帝国主義政策の推進である。

　産業資本主義から独占資本主義への移行は，資本が独占資本として市場支配力，および政官財癒着という新たな権力基盤を獲得する過程であった。

第 3 節　現代の独占資本

　20 世紀初頭の帝国主義の経済的基礎は独占資主義にあった。二度の世界大戦を経て，1980 年代以降，独占資本は再びグローバル市場に向け舵を切る。今日の独占資本の権力とは何か。今日の独占資本は，20 世紀初頭に獲得した権力基盤を受け継ぎ，その基盤を固める。

　今日の独占資本の第 1 の権力基盤は，市場集中とそれに基づく市場支配である。今日，第 1 次産業，第 2 次産業，第 3 次産業を問わず巨大資本による市場集中はさらに進む。農業分野[6]では，世界上位 4 社が農薬 70.1 ％，種子 66.5 ％，家畜医薬品 70 ％の市場シェアを握る。鉱工業では，世界上位 5 社が，プラチナの 90 ％，鉄鉱石の 84.4 ％，ニッケルの 59.6 ％，亜鉛鉱石の 52.3 ％，銅鉱石の 38.4 ％を供給する（『日本経済新聞』2008 年 8 月 4 日）。スマートフォンは，サムスン，アップル，小米，オッポの 4 社が 66 ％のシェアを占める（2021 年第 I 四半期）。IT 業界では，グーグルが検索エンジンの 92 ％，スマートフォンの OS の 75 ％を占める。アメリカでは，アマゾンがオンライン・モール市場の 40 ％，フェイスブックがソーシャルメディアの 95 ％のシェアを占める。

　金融部門も例外ではない。アメリカでは，JP モルガン・チェース，バンク・オブ・アメリカ，シティグループ，ウェルファーゴ，ゴールドマンサックスグループ，モルガンスタンレーの大手 6

行がアメリカ5213行の銀行資産の48％を占める。デリバティブ市場では，シティバンク，バンク・オブ・アメリカ，JPモルガン・チェース，ゴールドマンサックスの4行が90％以上のシェアを握る[7]。

さらにアメリカ市場について，676産業を6グループに分け，各グループ上位4社の市場集中度を計測すると，1982年から2012年にかけて，製造業では38％から43％へ，金融では24％から35％へ，公益企業では11％から15％へ，小売りでは29％から37％へ，卸売りでは22％から28％へ，いずれの分野でも上位4社への集中が進む[8]。ハーフィンダール・ハーシュマン指数（各企業の市場シェアの2乗の和）は，1996年から2013年にかけて，75％以上の産業で指数の上昇を見る[9]。

市場集中は，アメリカ市場に限らない。過去10年間，日米欧において売り上げ上位5社のシェアは，3分の2の業種で上昇し，ハーフィンダール・ハーシュマン指数は2008年以降世界的に上昇する（『日本経済新聞』2020年1月6日）。

この個別市場での独占化の進展は，独占資本への経済力の集中と巨大化を伴う。独占資本への富の一般集中である。世界上位100社について見れば，その売り上げは先進9ヶ国を除く，世界各国のGDP（国内総生産）を上回る。世界上位200社の売り上げは，世界のGDPの25％を上回る[10]。図2-1は，非金融企業世界100社（株式評価額）について，その純利益，有形資産，その他資産（金融および無形資産），および雇用の集中度を追ったものである。なお，ここでいう集中度とは，それぞれの項目についてそれがすべての企業に等しく配分されていると仮定した場合のシェア（平均値）と比較した，上位100社の実際のシェアの倍率を示す。上位100社のシェア倍率は，2005年から2015

図 2 - 1　　非金融企業上位100社の集中度指数(1995 −2015年)

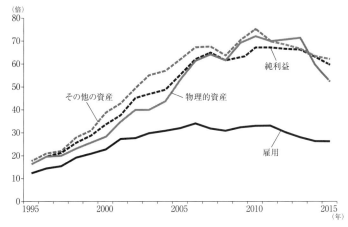

（注）集中度指数は，すべての企業のシェアが均等と仮定された値に対する
　　　上位100社のシェアの比率を表す。
（出所）UNCTAD (2017) *Trade and Development Report 2017*, Fig.6.3 (p.127).

年にかけて急上昇し，雇用を除くシェア倍率は 10 倍〜 20 倍か
ら 60 倍〜 70 倍に上昇する[11]。

　この資金力を用いた政府の買収による政官財癒着の形成が今
日の独占資本の第 2 の権力基盤である。独占資本は，政治献金，
ロビー活動，天下りの受け入れという形で多額の資金を政と官
に提供し，政府を取り込み，政策を買収する。

　2016 年のアメリカ大統領選挙では，40 億ドル（約 4400 億円）
が投じられ，同時に行われた連邦議会選挙では 20 億ドル以上の
資金が投じられた。上院議員選挙では平均 6.25 億ドル，下院議
員選挙では平均 9.6 億ドルが投じられた[12]。政治献金なくして選
挙は戦えず，この資金の最大のスポンサーが独占資本である。
2014 年の選挙では，アメリカ商工会議所（日本の「日本経済団
体連合会」）が最大のスポンサーとなり，3179 万ドル（約 34 億円）

を共和党に提供する[13]。

　政治献金と並ぶ，政府取り込みの手段が天下りと天上り，回転ドアの形成である。ウォール街，財務省，世界銀行の間に築かれた回転ドアの歴史は古い。オバマ政権成立の2009年から2010年のわずか1年の間に，政府関係者1447名がウォール街企業に天下る[14]。

　EUについても，執行機関である欧州委員会と独占資本とのつながりは深く，WTO協定におけるGATS協定（サービスの貿易に関する一般協定）成立を担ったEU通商代表L. ブリタンは，スイス大手UBS銀行の副会長に天下る。第11代欧州委員会委員長バローゾは2016年にゴールドマンサックスの非役員議長に天下る。また，バローゾ委員会の委員26名中9名は，独占企業，あるいはその関連組織に天下る[15]。サイバー安全保障を担当していた，欧州委員会の高官A. サラは，2020年にフェイスブックのロビー活動チームに天下る[16]。

　独占資本による政府取り込みのための3つ目の資金提供ルートがロビー活動である。天下り高官の役割もロビー活動にある。ロビー活動には，企業法律事務所，コンサルタント企業も動員され，そこに多額の資金が投入される。アメリカの中央政界は約1万2000人のロビイストを抱え，支出された資金は，2001年の約16億ドルが2019年には32億ドル（約3330億円）へと倍増する[17]。2014年以降，従来の非金融，金融業界団体に加え，IT業界がロビー活動を活発化させ，IT5社（アップル，マイクロソフト，フェイスブック，アルファベット，アマゾン）のロビー活動費は，2019年には6000万ドル（約63億円）を上回る（『日本経済新聞』2020年2月22日）。

　EUにおいても，2014年以降IT大手5社はロビー活動支出を

拡大し，2019年には判明しただけで，ヨーロッパ7大自動車メーカーによるロビー活動費の2.7倍，2100万ユーロ（約34億円）を支出する[18]。

独占資本による政府買収の目的は，政府の政策決定への参加である。政策へのアクセスにより，自身のビジネスの障害となる政策導入を阻止し[19]，あるいは逆に自身のビジネス拡大につながる政策導入が可能となる。アメリカでは独占資本の経営者が直接政府高官ポストに天上る。トランプ政権では，エネルギーコングロマリット企業を率いるコーク兄弟と関係を持ち，同じ政治信条グループに属する人々が，政権の44の行政ポスト，ホワイトハウスの21行政ポスト，さらには環境省，内務省，エネルギー省，財務省の行政ポストに就く[20]。コーク兄弟は，環境規制の緩和，法人税の引き下げ，国有地でのエネルギー開発を政策課題として掲げ，トランプ政権下で実現してきた。

財のカネを媒介とする政官財癒着の形成，および独占資本による政府の政策決定への影響力の行使，決定プロセスへの参加は日本もまた例外ではない。政党助成金制度の導入により，それまでの自民党に対する財界の負担は，一部税金に移し替えられたが，自民党・議員にとって財界マネーは欠かせない。経団連は，自民党の献金受け皿である国民政治協会に24億円を支出する（『東京新聞』2019年11月30日）。この国民政治協会への献金とは別に，財界は，自民党議員個人，派閥が行う政治資金パーティでのパーティ券購入の形で2016年には85.3億円を支出する（『しんぶん赤旗』2017年12月1日）。

国民政治協会への企業・団体献金を見ると，原子力関連企業をメンバーとする日本原子力産業協会は，2015年7億6000万円を超える政治献金を行っている（同誌，2016年11月27日）。桁

を落として，日本自動車工業会 8040 万円，日本鉄鋼連盟 8000
万円，日本電機工業会 7700 万円，トヨタ自動車 6440 万円と続
く（同誌，2017 年 12 月 1 日）。トヨタ自動車は，連結子会社を
含めると 1 億 781 万円を政治献金として自民党に献金する。

　リニア新幹線建設をめぐり談合を図ったゼネコン大手 4 社は，
第二次安倍政権発足後，国民政治協会への献金を倍増し，2016
年には 6400 万円の献金を行っている（同誌，2017 年 12 月 20 日）。
都政レベルでは，豊洲新市場の建設工事を受注したゼネコン 14
社が『公明新聞』に広告料として 8732 万円を支出した（同誌，
2017 年 6 月 18 日）。

　財界による行政の取り込みの常套手段は，日本でも天下りの
受け入れである。独占企業は，キャリア官僚の退官後の豊かな
老後生活を保障することによって，行政権限へのアクセス機会
を得る。財務省の官僚は金融機関へ，国土交通省の官僚はゼネ
コン関連企業へ，厚生労働者の官僚は社会保険の各種協会・基
金に加え，製薬企業，人材派遣企業へ，経済産業者の官僚は電力・
エネルギー，貿易関連企業へ，それぞれ各省の管轄関連企業へ
天下り，そこでロビイスト役を担う。

　司法行政官も例外ではなく，原発訴訟の増加を受けて，近年
判事，検事退官後，原発関連企業へ天下る事例が目立つ（『週刊
金曜日』2011 年 6 月 3 日）。原発訴訟に対する影響力行使を狙っ
ての天下りの受け入れである。

　天下りは，独占企業側からの働きかけの結果でもあり，また
逆に，企業側のニーズを利用した官僚側の働きかけの結果でも
ある。コーポレートガバナンス改革の名の下，社外取締役制度
の義務化を利用して，霞が関官僚が大量に大手企業の社外取締
役として天下る。東証一部上場企業（1813 社）の社外取締役に

関する調査によれば，中央官庁，日銀，裁判所出身者 667 名が天下っており，省庁別では，経済産業者 OB35 名を筆頭に，財務省・国税庁 OB32 名，法務省・検察庁 OB23 名と続く（『週刊ポスト』2014 年 5 月 9・16 日号）。

　政治献金，天下りの受け入れをテコとして，独占資本は政府の政策決定に影響力を行使する。さらに，今日日本においても，独占資本は政策決定プロセスに直接関与，参加する。財界による政策決定参加の制度化は，第二臨時行政調査会（土光臨調）に遡る。その後，小泉，安倍内閣の下で，内閣の司令塔役を担う経済財政諮問会議，規制改革（推進）会議，日本経済再生本部，産業競争力会議など，国の基本方針の決定の場に独占資本の担い手が参加し，政治主導の名の下，財界戦略のトップダウン式行政が制度化される。

　安倍第二次内閣における官邸への天上りは，内閣官房 221 名，内閣府 168 名，計 389 名を数える[21]。天上りは官邸に留まらず，各省庁に及ぶ。経済産業省は 523 名，環境省は 347 名，国土交通省は 248 名，金融庁は 138 名，外務省は 131 名，全省庁で 2135 の天上りを受け入れ，官民共同で政策作定を行う[22]。

　共同での政策作定の典型が原子力政策である。日本原子力産業協会に加盟する，原発メーカー 6 社からは計 15 名が文部科学省原子力課に，大手ゼネコン，メガバンク 2 行から 6 名が資源エネルギー庁原子力政策課に，そして電力会社 2 社から 9 名が外務省国際原子力協力室に天上りする。また，原子力規制庁は，協会加盟企業から 150 名超の天上りを受け入れる[23]。こうした癒着の下で出された政策が原発再稼動，原発の海外輸出促進である。

　年金行政においても，天上りにより，民間大手企業は厚生労

働省官僚との共同作業に加わる。政府は，公的年金の削減と国民の自助を政策として現げるが，民間大手保険会社，金融機関はそこにビジネスチャンスを見出し，政府と一体となって年金商品の開発と販路拡大をもくろむ。具体的には，少額投資非課税制度（NISA），個人型確定拠出年金（iDECO）に対する税制優遇措置の導入である。こうした官民共同企画の場が厚生労働省社会保障担当参事官室，および年金局であり，前者の参事官室に三井住友海上2名，三菱UFJ信託銀行2名，みずほ銀行1名，あいおいニッセイ同和損保1名，計6名の社員が天上る。また，後者の年金局には，明治安田生命2名，三井住友銀行2名，みずほ銀行1名，損保ジャパン1名，東京海上アセットマネジメント1名，計6名が天上る。加えて，年金局の3名が商品開発のため損保ジャパン，みずほ銀行に出向する[24]。

　現代の独占資本は，さらなる市場集中がもたらす巨額の資金力を用いて政官財癒着を恒常的なものとし，国家の政策決定に直接参画するに至る。

第4節　市場制度の再設計

　今日，独占資本は，その強固な政官財癒着の下で，個別的政策要求に加え，市場経済のルール，つまり市場制度の改編を迫ってきた。新自由主義政策の導入である。これは，独占資本にとって望ましい市場制度の実現,「市場経済構造の再設計」[25]を意味する。この新たな市場ルールの設計が，今日の独占資本の第3の権力基盤を構成する。

　第1に，その新自由主義政策導入の主体は独占資本であった。資本主義経済をリードするアメリカでは，戦後労働組合が力を

つけ，政策への影響力を持つまでに至る。そうした労働者の影響力の高まりを受け，それに対し反転攻勢をかけるべく，1971年アメリカ商工会議所（USCC）は独占資本のための市場経済体制の実現を目指して活動を開始し，1981年レーガン政権を誕生させる。レーガン政権は，労働組合弾圧を手始めとして後述の新自由主義政策を次々と導入していく[26]。

独占資本のマーケットがグローバルに拡大するにつれ，独占資本は新自由主義ルールのグローバル化を求める。その最初の成果が WTO 協定（図 2-2）である[27]。WTO 協定の附属一 A「物品の貿易に関する多角的貿易協定」，附属書一 B「サービスの貿易に関する一般協定」，附属書一 C「知的所有権の貿易関連の側面に関する協定」が新自由主義ルールを具体化する。附属書一 A の交渉において協議が難行した「農業に関する協定」をまとめたアメリカ側の交渉責任者は M. カンターであり，協定成立後，彼はアグリビジネス大手のモンサントに役員として天下る。

附属書一 B のサービス協定については，アメリカ，イギリスの金融大手がその作定を主導した。WTO 金融サービ局長 D. ハートリッジは次のように述べる。「アメリカの金融サービス部門，とりわけアメリカン・エキスプレスとシティコープのような企業の強力な圧力なくしてサービス合意，したがっておそらくウルグアイラウンド，および WTO の成立はありえなかったであろう」[28]。

附属書一 C「知的所有権の貿易関連の側面に関する協定」（TRIPS）については，モンサント，ファイザー，IBM，デュポン等 13 社を構成メンバーとするアメリカ知的財産委員会（USIPC）が草案を作成した。

WTO 協定ルールの作定においては，アメリカ，欧州の独占資

第42頁

図2-2　WHO協定の構成

世界貿易機関を設立するマラケッシュ協定（WHO協定本体）

附属書一

附属書一A　物品貿易に関する多角的貿易協定
・1994年の関税及び貿易に関する一般協定（1994年の関税及び貿易に関する一般協定のマラケッシュ議定書）
・農業に関する協定
・衛生植物検査措置の適用に関する協定
・繊維及び繊維製品（衣類を含む。）に関する協定
・貿易の技術的障害に関する協定
・貿易に関連する投資措置に関する協定
・1994年の関税及び貿易に関する一般協定第6条の実施に関する協定（ダンピング防止措置に関する協定）
・1994年の関税及び貿易に関する一般協定第7条の実施に関する協定（関税評価に関する協定）
・船積み前検査に関する協定
・原産地規則に関する協定
・輸入許可手続に関する協定
・補助金及び相殺措置に関する協定
・セーフガードに関する協定
附属書一B　サービスの貿易に関する一般協定
附属書一C　知的所有権の貿易関連の側面に関する協定

一括受諾（シングル・アンダーテーキング）の対象

附属書二

紛争解決に係る規則及び手続に関する了解

附属書三

貿易政策検討制度

附属書四

複数国間貿易協定
民間航空機貿易に関する協定
政府調達に関する協定
国際酪農品協定
国際牛肉協定

東京ラウンド諸協定のうち，ウルグアイ・ラウンドの交渉分野とされなかったもの。これらは一括受諾（シングル・アンダーテーキング）の対象ではなく，WHO加盟国であってもこれらの協定を受託しなければならない義務はない。

（出所）外務省経済局（1996）資料1（38頁）。

本とその団体が主導権を発揮したのである。WTO協定プラスを目指すその後の2国間，地域間自由貿易協定においても独占資本が作定の中心をなす。オバマ政権下，TPP（環太平洋パートナーシップ協定）草案作定のために設置された諮問委員会メンバー480名のうち，85％を企業団体，企業関係者が占めた（*The*

Washington Post, February 27, 2014）。また，アメリカ製薬業界は
600 名を交渉サポート役として TPP 交渉の場に送り込んだ。

　2018 年に成立した日欧 EPA（経済連携協定）交渉に際しても，
日欧両サイドともに労働組合，中小企業経営者団体の発言機会
は設けられず，協定作定を担う欧州委員会の通商代表部とロビイ
ストとの秘密会合のうち，190 回（89％）は，大手企業ロビイ
ストとの会合であった[29]。EU は，アメリカとの間でも，TTIP（大
西洋横断貿易パートナーシップ協定）交渉を進めてきたが，そ
の際も欧州委員会通商代表部との会合の 92％は大手企業ロビイ
ストとのものであった[30]。

　第 2 に，独占資本が成立を主導した新自由主義政策とは何か。
新自由主義的市場ルールはいかにして独占資本にとって望まし
い経済体制を実現するのか。新自由主義的経済ルールは大きく
3 つの柱からなる。第 1 の柱は，独占資本のビジネスの障害を
国内外にわたり撤廃することである。具体的には，労働者保護
規制，環境保護規制，反トラスト規制の緩和，撤廃であり，関税，
非関税障壁の撤廃である。第 2 の柱は，小さな政府の実現であ
る。その意味するところは，社会保障等，公共政策の抑制であり，
また民営化である。いずれもその目的は，独占資本のためのビ
ジネス機会の創出，拡大にある。第 3 の柱は，独占資本のビジ
ネス権益の保護強化である。これは，投資権益の保護強化と知
的財産権の保護強化からなる。

　物品貿易に関わる新自由主義政策の第 1 の柱のグローバル
ルール化が WTO 協定附属書一A「物品の貿易に関する多角的貿
易協定」である。これまでの GATT（関税および貿易に関する
一般協定）体制の下で行われてきた物品の関税引き下げに加え，
新たに農産品が自由化対象項目とされた。輸入数量規制は廃止

され，関税化原則とその関税削減の道が敷かれた。自国の産業保護と育成のための補助金政策についても，市場参入を狙う独占資本にとっての障壁となることから，禁止，あるいは削減の対象とされた。

また，各国が国民の衛生，安全確保のために設定する衛生植物検疫措置についても，輸出拡大を目指すアグリビジネス，農薬，医薬品大手企業にとっては障壁となる。そのため，WTO協定は各国の検疫政策に制約を課した。各国の検疫体制に対する「科学的根拠」の証明，「国際標準」との調和の義務付けである。この義務化によって各国は，食の安全に関わる規制裁量権に縛りがかけられ，独占資本にとって市場拡大の機会が広がる。製造業品についても，「貿易の技術的障害に関する協定」によって各国政府は，製品の安全性等に関わる政策裁量権に足かせがはめられた。各国政府による政策決定の裁量権は，独占資本にとっては非関税障壁であり，協定はその撤廃を目指す。

サービス貿易に関わる新自由主義政策の弟1および第2の柱のグローバルルール化が附属書一B「サービスの貿易に関する一般協定」(GATS)である。WTO協定では，農業分野に加え，サービス分野が新たに自由化の対象に加えられる。先進国では，金融，保険，運輸，インフラビジネス，経営コンサルタント，これらサービス産業が拡大し，グローバルなビジネス展開を競う。これら大手サービス資本にとっては，各国の産業保護・育成政策，そのための外国資本に対する参入規制は障壁となる。この障壁をどう乗り越えるか。GATS協定により，サービス貿易の自由化に向けたいくつかの仕組み，ルールが導入された。

1つは，公共サービスの限定化である。GATS協定は，「政府の権限の行使として提供されるサービス」の範囲について，「商

業的な原則に基づかず」かつ「一又は二以上のサービス提供者
と競争を行うことなく提供されるサービス」（第 1 条）という二
重の制約を課す。この二重の規定は，公共サービスの範囲を限
定し，また公共サービス，国有企業の民営化への道を開く。

　2 つは，GATS 協定第二部「一般的な義務及び規律」である。
そこでは，各国が他国のサービス企業の参入に対して規制をか
ける場合，「合理的」，「客観的」，「公平な態様」，「透明性」の原
則が求められ，しかも規制は「サービスの質を確保するために
必要である以上に大きな負担」を伴うものであってはならない
とされる。これら一連の規定により，外国資本に対する内国民
対遇が求められ，各国は自国の産業保護・育成政策の採用が困
難となり，外国資本にとっては参入，市場独占の機会が生まれる。

　3 つは，GATS 協定第三部「特定の約束」である。各国がポジティ
ブ原則により特定サービス分野の自由化を認めた場合，海外企
業に対する数量規制は禁止され，また「内国民対遇」原則が適
用される。その結果，例えば金融分野の自由化を受け入れた場合，
政府は，国際収支，信用秩序維持に重大な困難が発生した場合
でも，資本取引規制は制約され，規制は「一時的」な措置でな
ければならない。逆に，金融大手にとっては投機的利益獲得の
機会が広がる。

　WTO 協定後，この第 2 の柱はその対象範囲をさらに広げる。
TPP 協定による国有企業活動に対するルールの導入である。協
定 18 章「国有企業」において，国有企業，および指定独占企業
が行う物品・サービス購入，販売に際しては国外企業に対して「内
国民対遇」ルールが適用され，また外国企業の活動の防げにつ
ながる，国有企業に対する間接的，直接的「非商業的援助の禁止」
がルール化された。当該ルールによって，各国の政策裁量権は

制限され，逆に独占資本にとっては海外でのビジネス領域拡大につながる。

　新自由主義政策の第3の柱は，独占資本のビジネス権益の保護強化である。その1つが投資権益の保護強化である。WTO協定以前，外国資本による投資を受け入れた場合でも，ホスト国は国内産業を保護・育成する観点から様々な規制を導入してきた。協定はそうした各国の規制に対し，歯止めをかける。付属書一Aの「貿易に関連する投資措置に関する協定」（TRIMS）は，(1) ローカルコンテンツ規制（国内産の商品又は国内供給源からの産品の一定割合の購入又は使用義務），(2) 輸出にリンクした，当該企業による輸入枠規制，(3) 購入できる外国為替の制限，これらの規制を禁止する。ローカルコンテンツ規制は当該国の産業育成にとっては有効な政策手段であるが，進出企業にとっては障害であった。

　TPP協定は，この投資権益保護ルールをさらに強化する[31]。保護の対象となる投資資産の定義は金融投資を含めて拡大され，その上で「待遇の最低基準」（minimumstandard of treatment）保障および「間接収用」（indirect expropriation）に対する補償ルールが導入された。「待遇の最低基準」とは，投資家（企業）の合理的期待利益の保護ルールであり，間接収用補償とは，政策行為に伴う投資の期待収益率の低下に対する弁済ルールである。さらに，投資受け入れ国に課された補償義務を担保する措置として「投資家と国の間の紛争解決」（ISDS）ルールが導入された。このISDS制度の仲裁は，アメリカ，イギリスの企業法務事務所の弁護士が担うことになるため，これまで一貫して投資企業サイド寄りの仲裁決定（投資受け入れ国の税による企業補償）がなされてきた。

今一つのビジネス権益である知的財産権の保護強化のグローバルルール化が，附属書一C「知的所有権の貿易関連の側面に関する協定」（TRIPS）である。ルールの第1は，保護対象の拡大である。医薬品などの「試験データ」の「不公正な商業的使用」は禁止され，特許については，方法に加え新たに物質特許が認められた。また，遺伝子組み換え技術，バイオ技術とその生産物が特許対象に加えられた。その上で政府による特許権への介入に対する規制ルールが導入された。介入は「特許権者の正当な利益を不正に害さないこと」（第30条）が条件とされ，また特許権者に対し「経済的価値を考慮」した「報酬」（第31条）の支払いを各国に義務付ける。TRIPS 協定ルールの第2はこれら知的財産に対する保護の強化である。「特許」については20年，「著作権」については50年の保護期間が設定された。

TPP 協定は第18章「知的財産」において，この知的財産のさらなる保護強化をルール化する。医薬品に関して利用方法が新たに特許対象とされ，試験データは特許申請後5年間，バイオ医薬品については8年間，非開示とされた。著作権の保護期間は50年から70年に延長され，著作権侵害に対する刑事罰が導入された。しかし，この医薬品，著作権の保護強化ルールについては，アメリカの交渉からの脱退により，当面ペンディングとすることが TPP11 で決定された[32]。

このように，WTO 協定，その後の WTO プラスのルール化を目指す自由貿易協定は，独占資本のビジネス権益の拡大と保護を第一義とする新自由主義政策のグローバルルール化であり，この市場ルール化によってグローバル経済は独占資本にとって望ましい体制に再編されることになる。

しかし，独占資本による「市場と制度」の支配の衝動が尽き

ることはない。市場シェアをめぐる競争と集中に終りはなく，ビジネス権益の拡大要求が止むことはない。新たなデジタルエコノミー分野での新自由主義ルールはなお未確立であり，今日，IT 独占資本は，そのルール導入に向けてロビー活動を活発化させる。IT 独占資本が求める e - コマースルールは，国家によるビジネス規制を撤廃し，公的データの開放，企業によるデータ管理を自由化することである。具体的に，IT 独占資本は，(1)e - コマース市場の自由化，(2) 企業が保有するデータの移動，保管場所（サーバー）設置，および加工の自由化，(3) ソースコードの非公開化を求める[33]。

　マニュファクチュア資本主義から産業資本主義，20 世紀初頭の独占資本主義，そして今日の独占資本主義，この資本主義の発展は資本の支配権力の展開過程として促えることができる。もちろん，資本はその権力を一直線で増大させてきたわけではない。資本の権力は，他の利害関係者，とりわけ労働者の力との相対的関係の中で決まるものである。これまでも，労働組合勢力の高まり，あるいは独占資本に対する規制を伴うニューディール型政策の成立によって資本の権力は部分的後退を余儀なくされた。しかし，今日，独占資本は，グローバル市場でその集中度を高め，その市場支配力がもたらす巨額の資金力を用いて政官財癒着を形成し，政策，さらには市場ルールの決定に直接かつ恒常的に参画する。独占資本による新自由主義体制の構築である。

　以下，労働契約・雇用関係，市場取引，政府の政策決定において，独占資本がいかにその権力を行使し，所得と富を集中するのか，その具体的メカニズムを順次明らかにする。

第3章　独占レントと雇用破壊

はじめに

　現代は独占資本主義の時代であり，一部巨大資本への市場集中，および資産（有形，無形）集中，そして利潤集中が進む。巨大資本への市場集中，資産集中が進めば，それに応じて利潤集中も進む。他の条件一定として，市場シェアが2倍となれば，当該企業の利潤シェアも2倍となる。

　しかし，今日独占資本は，市場シェア，資産シェアの上昇を上回って利潤シェアを高める。独占レントの存在である。国連貿易開発会議（UNCTAD）によれば，世界上位2000社の対売り上げ利益率は，1996 — 2000年の5.7%から，2011 — 2015年の7.0%へ，2.3%上昇する。売り上げシェア増加を上回る売り上げ利益率の上昇は独占レントの増大を示唆する[1]。

　またUNCTADは，過去の利潤率からベンチマーク（基準）となる利益率を求め，そのベンチマーク利益率とその後の利益率との差を独占レントと規定する。その上で，株式時価総額を基準として全企業，上位10%，上位1%の三つの企業グループに分け，それぞれ1995 — 2000年，2001 — 2008年，2009 — 2015年の3期の間で独占レントがどのように推移するのかを検証する。結果は，第1に，どの企業グループにおいても，営業利益に占める独占レントの比率は段階的に上昇する。しかし，第2に，そうした中，上位10%，1%の企業と全企業との間の独占レント比率の差は歴然であり，上位10%の企業グループは，営業利

益に占める独占レントの比率を 43％→ 46％→ 49％へと高め，さらに上位 1 ％グループ企業は，その値を 50％→ 53％→ 55％へと高める[2]。

また，ロンドン『エコノミスト』誌は，過去 50 年間の資本利益率をベンチマークとして，全世界の企業利益の 45％を占める S&P500 社について，その独占レント（abnormal profit）を推計する。それによれば，独占レントは 3000 億ドル（税引後営業利益）に登り，その 1/4 は産業全体，1/4 は保険業界，1/2 は IT 業界に帰属する[3]。

問題は，その独占レントの源泉，そして独占資本の経済的かつ政治的権力と独占レントとの関係である。独占レントの第 1 の源泉は労働者報酬である。そこでは，付加価値の利潤 vs 賃金の分配が問われる。

本章の課題は，第 1 に独占レントの増大と労働分配率の低下が表裏一体の関係にあり，その労働分配率の低下が労働条件の後退，日本においては崩壊の結果であること，第 2 にその労働条件の崩壊の直接の原因が新自由主義政策としての労働規制の緩和，廃止にあることを明らかにする。そして第 3 に，その労働規制の緩和，廃止の進行をなぜ労働者側は食い止めることができなかったのか。それは，新自由主義政策の反労働組合政策，および新自由主義体制の下でのグローバル化の進展の結果であることを示す。独占資本の要請に基づく新自由主義政策は，労働条件，分配決定をめぐる労使間の力関係を資本優位に変え，労働条件の後退，あるいは崩壊，その結果として労働分配率の低下を招き，独占レント形成，独占資本への所得集中をもたらしたのである。

図3-1　多国籍企業世界上位2000社の利潤と世界の労働所得のシェア
　　　　（1995–2015年）（世界粗生産＝100%）

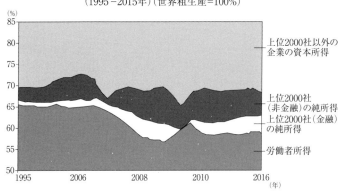

（出所）UNCTAD (2018) *Trade and Development Report 2018*，Fig.2.14.A (p.57).

第1節　労働分配率の低下と雇用破壊

　今日，独占資本は市場シェアを高め，利益集中を進める。しかし，独占資本は市場シェア集中を超えて利益集中を実現する。この独占レントの第1の源泉は労働所得にあり，労働所得の独占レントへのシフトである。

　図3-1は，世界の資本所得と労働所得の分配の推移を見たものである。資本所得は，さらに金融，および非金融多国籍企業世界上位2000社，多国籍企業世界上位2000社以外，これら3つのグループに分けられる。それによると，上位2000社以外の資本所得のシェアは変動を伴いながらほぼ安定的に推移する。分配シェアの変化は，金融および非金融，両部門の多国籍企業世界上位2000社の資本所得と労働所得の間で生じていることが見てとれる。労働所得から世界上位2000社の資本所得への分配シフトである。

図3-2 労働分配率 (1970−2019年)

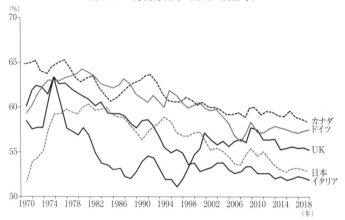

(注) 労働分配率 = (労働報酬＋混合所得) /GDP。
(出所) UNCTAD (2020) *Trade and Development Report 2020*, Fig.3.2 (p.65).

　この労働所得の巨大資本への所得シフトを労働分配率という
視点から見たのが図3-2である。図3-2は，アメリカを除く主要
先進国について労働分配率 (〔労働所得＋混合所得〕／GDP) の
変化を見たものである。各国とも1970年代後半から1980年代
前半をピークに労働分配率が低下する。アメリカの場合，これ
ら先進国より一歩早く，1970年代前半をピークに労働分配率の
低下が進み，2019年には労働分配率は1950年代初頭の水準まで
低下する[4]。

　この労働分配率の低下はどうして生じたのか。単に，付加価
値生産性上昇の成果配分が資本優位に行われてきたということ
に留まらない。先進20ヶ国では，1999年以降，月額実質賃金が
ほぼフラットで推移する[5]。日本の場合，事業所規模5人以上の
現金給与総額 (実質) は，2000年を100として2017年には10
ポイントを上回って低下する (厚生労働省「毎月勤労統計調査」)。

図3-3　正規雇用労働者と非正規雇用労働者の推移

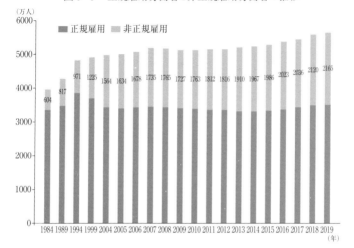

(注) 非正規雇用労働者は，パート・アルバイト，派遣社員，契約社員，嘱託，
　　その他，ギグ・エコノミー雇用者は含まない。
(資料) 1999年までは，総務省「労働力調査（特別調査）」長期時系列表 9，2004年
　　以降は総務省「労働力調査（詳細調査）」長期時系列表 10。

各国において，「働きがいのある人間らしい仕事」，いわゆる
ディーセントワーク条件を満さない働き方が広がる。

　日本における労働条件の悪化，破壊はより深刻な状況にある。
独占レントの対極にはこの雇用破壊がある。

（1）ワーキングプア

　雇用破壊の第1は，働いても貧困から脱出できないワーキン
グプアの増加である。アメリカ，EU 諸国では，移民労働者が，
日本では外国人技能実習生が最低賃金を満さない職場で働く。
また，独立自営業者を偽装し，雇用契約に基づかない労働が広
がる。企業のプラットフォームを介したギグ・エコノミー労働
者もその一つである。彼等には最低賃金保障も最低労働時間保

障もない。

　わが国では，ギグ・エコノミーの出現以前にワーキングプア
が広がる。1年を通して働いても年収が200万円に達しない労
働者（民間）が1200万人，労働者の5人に1人の割合を占め，
年収300万円に達しない労働者は約2000万人，雇用者全体の
37.1％を占める（「令和元年分 民間給与実態統計調査」）。「平成
29年就業構造基本調査」（第45表）によれば，30歳以上のどの
年齢階層においても年収300万円未満の雇用者が40％を超える。

　日本は，先進資本主義諸国の中にあって，ワーキングプアの
増加が著しい。その最大の原因は，非正規雇用の増加である。
具体的には，パート・アルバイト，派遣社員，契約社員，嘱託，
そしてギグ・エコノミー労働者の増加である。図3-3は，ギグ・
エコノミー労働者を除く非正規雇用者と正規雇用者の推移を見
たものである。1990年代後半以降，それまでのパート・アルバ
イトに新たに派遣社員，契約社員が加わり，これら非正規雇用
が増加する。正規雇用労働者は，1994年の3805万人から2019
年の3494万人へ，311万人減少する。一方，非正規雇用労働者は，
同じ時期に971万人から2165万人へ，2.2倍に増大する。その
結果，雇用者に占める非正規雇者の比率は今日38％を上回る。
この雇用の非正規化は，各年齢層で男性，女性ともに上昇する。
ギグ・エコノミー労働者等の偽装自営業者を含めれば，わが国
の非正規率は40％を上回る。

　非正規雇用労働者にとってワーキングプアからの脱出は容易
ではない。非正規雇用の場合，男性の78.2％は年収300万円未
満（正規の場合10％）であり，女性の83.1％はさらに低く年収
200万円未満（正規の場合20.5％）である（総務省「労働力調査，
詳細集計，2019年平均」）。全国労働組合総連合会（全労連）が

行った全国各地域での「最低生計費調査」（25 歳単身者，賃貸ワンルームマンション 25 ㎡居住の条件）によれば，全国どこで暮そうと，つつましい生活を維持するには，最低でも税込みで月額 25 万，年 300 万円は必要とする。非正規雇用契約で働く男性の 78.2％，女性の 95.6％は，年齢を問わずこの条件を満たさない。根本的な原因は時給が低いことにある。

　非正規雇用者の場合，一般労働者（非短時間労働者）であっても，60 ～ 64 歳階層を除くと時給は 1,300 円に達しない（厚生労働省「『非正規雇用』の現状と課題」，データは 2019 年）。時給 1300 円だと，週 40 時間，年 2080 時間働いても年収は 270 万にしかならない。先の全労連の調査によれば，最低生計費確保に必要な時給は 1500 円（札幌市）から 1699 円（長野市）である。非正規雇用者の時給は全ての年齢階層でこれらの水準に達しない。しかも，男性の非正規労働者の 80％，女性の 29.3％は，自身の収入によって生計を立てる[6]。非正規労働者はパラサイト生活を送るか，あるいは最低生計費以下の窮乏生活か，これ以外の選択肢は与えられていない。

　非正規雇用の時給の低さは，老後生活にも暗い影を落とす。所沢市に住む男性Ａ氏（64 歳）は，食品物流倉庫でパート社員として働く。勤務時間は，午前 0 時から午前 8 時 45 分の深夜である。Ａ氏が深夜勤務を選んだのは，25％の夜勤手当のためである。それでも月の手取りは約 20 万円，家賃 5 万円を支払うと，これまで滞納していた年金を支払う余裕がなく，年金受給資格 25 年（当時）を満たさない（『朝日新聞』2016 年 10 月 13 日）。Ａ氏は正社員と同じ仕事をこなす。にもかかわらず，パート契約故に時給を抑えられ，最低生計費をまかなえないのである。

　非正規雇用の低賃金は差別に他ならない。井関農機で有期契約

社員として働くB氏（48歳）は，日勤と夜勤の二交替勤務をこなす。1年契約を繰り返し，通算10年目となるが，時給は1060円，この10年で60円しか増えていない。正社員と同じ仕事をしていても，時給は低いまま据え置かれ，ボーナス，家族手当，住宅手当，精勤手当もなく，年収は200万円程にしかならない（『朝日新聞』2016年10月12日）。2012年の労働契約法改正により，有期雇用契約の反復更新で5年を超えた時点で無期雇用契約への転換が可能となった。しかし，労働者の申し込みが前提であり，また経営者には5年直前で雇い止めを行い，5年条件を回避する抜け道を残す。

　非正規労働者に対する差別的低賃金は，わが国固有のことではない。アメリカ，テネシー州に進出したニッサン工場では，当工場に労働者を派遣する人材会社は，派遣労働者に時給10ドルから18ドルを払う。この額はニッサン工場の正規労働者の約半分であり，しかも派遣労働者には病気休暇資格も認められていない（*The Washington Post*, March 9, 2014）。これは賃金のピンハネによる差別である。

　わが国では，派遣会社によるピンハネ率は3割から4割と言われる。内閣府の審議会で様々な分野の規制緩和を主張し，提言する竹中平蔵が会長を務めるパソナを初めとする人材派遣大手企業は，厚生労働省から天下りを受け入れつつ，政商ビジネスを展開する。人材派遣事業所は，2004年の製造業への派遣解禁前後から急増し，ピークの2015年には約7万8千ヶ所を数え，2018年度の売り上げは，6兆3815億円である（日本人材派遣協会）。賃金シェアは6割から7割であるから，少なくとも約2兆円がピンハネされたことになる。これは，本来であれば労働者が受け取る賃金である。非正規雇用が拡大すれば，ピンハネ額

は増大し，そのピンハネによって人材派遣企業が栄えることになる。

　問題は非正規労働者に留まらない。非正規ワーキングプアが拡大すれば，正規社員ワーキングプアも拡大する。30歳代について見ると，単身の最低生計費年収300万円を満さない正社員が25.5％を占める（「平成29年就業構造基本調査」第45表）。

（2）不安定雇用

　雇用破壊の第2は，不安定雇用者の増大である。増大する非正規雇用者は，多くが期限付き雇用契約の下で働く。正規の場合，「雇用契約期間の定めがない」が90.8％を占めるのに対し，非正規雇用の場合，「期間の定めがない」は27.5％であり，わからないを除くと72.2％は「雇用契約期間の定めがある」（総務省「平成29年就業構造基本調査」）。その中で「6ヵ月超1年以下」が29.1％を占める。雇用契約に期間が定められている以上，企業がキャリアアップのための職業訓練機会を設けることもない[7]。

　コロナ感染下，非正規労働者の不安定雇用の問題が改めて問われている。コロナ感染が明らかになった2020年1月以降，非正規雇用者の対前年比数はマイナス幅を広げ，2020年7月にはマイナス131万人となり，9月までの3ヶ月間，マイナス幅は100万人を上回る（「労働力調査（基本集計）」）。しかも，この数値には，シフトカット者，労働時間カット者は含まれない。こうしたシフトカット者は女性を中心に90万人に登ると推定される[8]。

（3）社会保険

　雇用破壊の第3は社会保険からの排除である。正規雇用と非

正規雇用の社会保険のカバー率を比較すると，雇用保険では正社員92.5％，非正社員67.7％，健康保険では正社員99.3％，非正社員54.7％，厚生年金では正社員99.1％，非正社員では52.0％，退職金では正社員80.6％，非正社員9.6％であり，社会的セーフティネットのカバー率に大きな格差がある[9]。社会保険料は，労使折半であるから，社会保険の対象外とすることによって企業にとっては大きな人件費節約となる。

（4）労働基本権

雇用破壊の第4は，労使交渉からの排除である。差別賃金，雇用身分保障，社会保険条件を是正しようにも，非正規雇用者は経営側との交渉，団体交渉権を行使することは実際には困難である。個人加盟の組合組織に加入すれば，経営側との団体交渉も可能であるが，契約期間の定めが短期のため，あるいは反復更新への影響を考えれば，交渉を断念せざるを得ない。派遣社員の場合，雇い主と使用者が異なり，交渉相手を1つに絞ることの困難がさらに加わる。事実上の労働基本権のはく奪である。

以上4点にわたる労働条件破壊の底辺に置かれるのがギグ・エコノミー労働者である。ギク・エコノミーは，(1)配送サービス，交通サービスを需要する企業，レストラン・個人，および(2)それらサービス提供を請け負う人材派遣企業，そして(3)実際にサービスを提供する労働者，これら3者から構成される。そこで働く人々は，人材派遣企業に登録の後，ネット上の仲介サイト（プラットフォーム）を介して依頼されたサービスを提供し，収入を得る。その場限りの仕事で，労災保険，雇用保険，医療保険の提供はおろか，最低労働時間の保障もない。わが国では，

ウーバーイーツを初めとする料理配送ビジネスがすでに参入し，タクシー業界への参入を狙う。イギリスでは独立自営業者の増加の 4 割をギグ・エコノミー業種が占め，労働者の平均月収は 1000 ポンド（約 14 ～ 15 万円）まで低下してきていると言われる（*The Guardian*, *February* 22, 2017）。日本でのウーバー社の時給は 1300 円程度と言われているが，この額だとウーバー社は赤字となるため今後引き下げが予想される[10]。

（5）過労死

　雇用破壊の第 5 は，正社員を被うストレスフルな長時間労働，そのことに起因する過労死，精神・健康被害である。わが国では，1980 年代後半以降，長時間，過密労働による脳血管疾患，虚血性心疾患，これらを原因とする過労死が増加する。循環器疾患，過労死に対する労災請求件数は，2002 年以降，毎年 800 件前後で推移する。2014 年に「過労死等防止対策推進法」が成立するも，有効な労働時間規制を欠くため，その後も労災請求件数は増加を続け，2019 年には 936 件となる（図 3-4）。循環器疾患での労災申請の最も多い業種は運輸業である。国と業界団体で作る協議会が 2015 年 9 月に行った調査によれば，長距離運転手の 43.1％が拘束時間 16 時間以上，3 日行程勤務の場合，睡眠時間は 4 時間であり，その過酷な実態が明らかとなった。

　長年過労死問題に関わってきた上畑鉄之丞医師は，年間 2500 時間を過労死ラインとしたが，その過労死ラインをも大幅に超えて働く労働者がなお多数存在する。1 週 60 時間以上，年 3000 時間前後で働く労働者が 374 万人，男性 30 ～ 49 歳では約 12.4％が日々 12 時間を超えて働く。業種別に見れば，男性 30 ～ 49 歳層では医師の 41.8％，自動車運転従事者の 39.9％，生活関

図 3 - 4　脳・心疾患に係る労災請求件数の推移

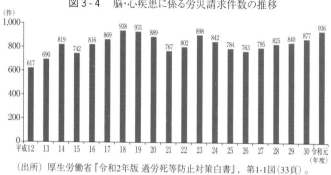

（出所）厚生労働省『令和2年版 過労死等防止対策白書』，第1-1図(33頁)。

連サービス業の 35.1 ％，飲食物調理者の 34.4 ％，運送業者の 30.8 ％が，1 日 12 時間超，年間 3000 時間の労働を強いられている[11]。

　過労疾患に加え，2000 年以降，人員削減と成果主義管理による労働の過密化により，うつ病など精神疾患が増加する。精神疾患に関わる労災請求件数は，2000 年の 212 件から 2019 年の 2060 件へ，ほぼ一本調子で増加する。業種別で見ると，最も多いのが医療・福祉であり，これに製造業，卸・小売業，運輸，建設が続く。

　様々な市場を飲み込みつつ成長を続けるアマゾン・ドット・コムのビジネスは，配送センターでの過酷な労働によって支えられている。配送センターは 24 時間体制で稼動し，現場では労働者が監視下に置かれ，互いに作業パフォーマンス（スピード）を競わされる。作業密度は際限なく高められていく。トイレに行く時間を省いても平均作業効率の達成が求められる。その基準を満たさなければ減点となり，減点が重なると解雇となるからである（*Financial Times*, August 8・9, 2018 ; *The Guardian*, January 1, 2019.）。

図 3 - 5　サービス残業（製造業雇用労働者）

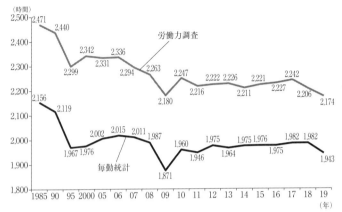

（注）事業所30人以上。
（資料）厚生労働省「毎月勤労統計調査」，総務省「労働力調査」。
（出所）全労連・労働総研『2021年国民春闘白書』学習の友社，2020年，図2（67ページ）。

　このように，労働分配率の低下，労働報酬から独占レントへ
の所得シフトの背後には，労働条件の崩壊，非ディーセントワー
クの広がりがある。

　第 1 に，ワーキングプアが拡大し，低賃金層が増加すれば，
企業は人件費を節約し，利潤分配率を引き上げることが可能と
なる。

　第 2 に，長時間労働もまた労働分配率の低下，利潤分配率の
上昇をもたらす。サービス残業（未払い残業）の存在である。
図 3-5 は，会社記録に基づく労働時間（「毎月勤労統計調査」）と
労働者の申告による労働時間（「労働力調査」）の推移を示した
ものである。両者のギャップがサービス残業である。サービス
残業は年間で 200 時間から 300 時間で推移する。

　日本労働組合総連合会（連合）「テレワークに関する調査」（2020
年 6 月 5 日〜 6 日実施）によれば，時間外・休日労働残業代を

申請しないことがあるとするケースが 65％, 申告しても必ずしも認められないとするケースが 56％存在する。サービス残業の存在は厚生労働省も認めるところであり, 同省は 2001 年以降, サービス残業調査を開始するが, 同省が企業に対しサービス残業代支払いを求めた額は, 2001 年から 2014 年で 2160 億円を記録する (『しんぶん赤旗』2014 年 12 月 26 日)。

第 3 に, 過密労働, つまり労働密度の強化は, 時間当りの付加価値生産性を高め, 時給一定とすれば, 労働分配率は低下し, 他方利潤分配率は上昇することになる。独占レントの形成である。

第 2 節　雇用破壊の合法化

1980 年代以降, 独占レントが拡大する一方, 先進各国において, 労働条件が後退する。わが国では 1990 年代末以降, 雇用破壊が広がる。働いても貧困から抜け出せず, 将来を描けないワーキングプアが増大し, 長時間労働による健康被害, 過労死, ストレス管理・過密労働による精神疾患が拡大する。ではなぜ, こうした労働条件の悪化, 崩壊が生じるのか。

その直接の原因は, 新自由主義政策として展開された労働規制の緩和, 廃止である。A. スミスは, 付加価値配分をめぐる労使間の対立, 協議において, 経営者側の団結力, 資力とともに国家の政策が大きな影響を及ぼすと述べた。今日, まさに新自由主義政策として導入された労働政策, すなわち労働規制の緩和, 廃止が問われている。ディーセントワークの後退, あるいは崩壊の各国間の差は, この労働規制の緩和, 廃止の程度いかんによる。以下, 労働条件の崩壊が進むわが国について, 新自

由主義的労働政策の展開とその影響を明らかにする。

（1）非正規雇用合法化

　第 1 は，非正規雇用の規制緩和，合法化である。わが国の非正規雇用拡大の出発点はバブル崩壊後の財界の戦略にある。プラザ合意（1985 年）後の急激な円高による国際競争力の低下に対応すべく，当時の財界労務担当「日本経営者団体連盟」（日経連）は，「新時代の『日本的経営』」（1995 年）を発表する。新たな雇用戦略であり，(1) 長期蓄積能力活用型グループ，(2) 高度専門能力活用型グループ，(3) 雇用柔軟型グループ，これら 3 グループへの雇用分割方針である。目的は，正社員を第 1 グループに絞り，第 2，第 3 グループについては非正規社員に代え，人件費の削減，および迅速な雇用調整を可能とする労務体制を作ることである。この戦略を実行するため，財界は政府に対し労働規制の緩和を迫り，それを受けた政府は，低賃金，不安定雇用を合法化する措置を次々と実施していく。

　「労働者派遣法」（1986 年施行）により，戦後長らく禁止されていた労働者供給ビジネスが解禁された。当初対象業務は 16 業種とされたが，1996 年に 26 業種に拡大され，1999 年には製造業等いくつかの業種を除き，対象業務が自由化される。自由化に際し，専門 26 業務については従来通り派遣受け入れ期間は上限 3 年とされたが，それ以外の業種については上限 1 年とされた。派遣の利用はあくまで一時的であるというメッセージを残すためである。しかし，小泉政権は，2003 年製造業派遣を解禁（当初上限 1 年，2007 年以降上限 3 年），加えて専門 26 業種以外の一般派遣については上限 1 年から 3 年，専門 26 業務については上限 3 年規制を撤廃し，契約更新を繰り返すことにより期間の

64

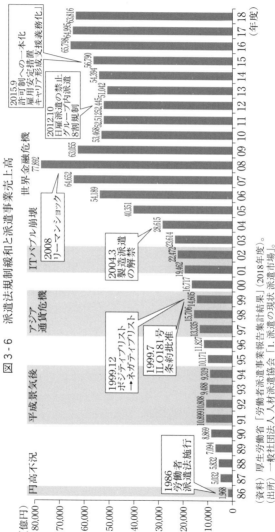

図 3 - 6　派遣法規制緩和と派遣事業売上高

（資料）厚生労働省「労働者派遣事業報告集計結果」（2018年度）。
（出所）一般社団法人 人材派遣協会「1. 派遣の現状 派遣市場」。

制約なく派遣労働者を利用し続けることを可能とした。この小泉政権による製造業派遣の合法化と上限規制の緩和により派遣事業が急速に拡大する（図3-6）。派遣労働者は2008年のピーク時399万人を数える（総務省「労働力調査」）。

　こうした派遣雇用のなし崩し的規制緩和により，日々派遣が出現し，不安定な雇用環境を象徴するネットカフェ難民の増加が社会問題となる。そのため，政権交代を実現した民主党政府は，2012年改正派遣法を施行し，規制緩和に対し，一定のブレーキをかける。主な内容は，日雇い派遣の原則禁止，派遣法違反企業に対する「みなし規定」（派遣先企業が直接雇用を申し込んだものと見なす，直接雇用義務規定）の3年後の施行，事業所ごとのマージン率（受け取り賃金／支払い賃金）の開示義務化である。

　「みなし規定」は，派遣受け入れ企業に対し，派遣労働者の利用を部署単位ではあるが一般派遣を3年に縛るものであり，その罰則規定の導入は企業にとって大きな負担となる。そのため財界の要請を受け，政権復帰を果した安倍内閣は，「みなし規定」施行の1ヶ月前に「派遣法」を再改正し，「みなし規定」を廃止（2015年9月），加えて労働者に対しては，派遣業務に関する一般，専門の区別を廃止し，一律3年の上限を設定する。つまり，派遣労働者に対しては，同じ部署で働ける上限をすべて3年とする一方，受け入れ企業に対しては，労働者を入れ替れば同じ部署でも上限3年を超えて無期限の派遣利用を可能にした。企業による派遣利用の完全自由化である。

　今一つの非正規雇用規制の緩和は，有期雇用契約（更新可）の規制緩和である。派遣契約を含め，有期雇用契約とすることによって雇用調整が容易となり，また差別的賃金の設定が容易

となる。1998 年労働基準法改正により，高度な専門職と 60 歳以上の労働者については，それまでの有期雇用契約上限 1 年から 3 年に延長された。その後 2003 年改正により，有期雇用契約の上限は 1 年から 3 年とされ，高度な専門職と 60 歳以上については上限が 3 年から 5 年に延長された。2003 年の改正は，非専門業種派遣利用の上限 1 年から 3 年への延長に合わせたものである。こうした有期雇用契約の規制緩和による不安定雇用の増加に対し，民主党政権は「労働契約法」を改正し（2012 年），有期雇用契約が反復され 5 年を超えた場合，労働者の申し込みにより，無期雇用契約に変更されるとした。しかし，契約更新の間に半年以上のクーリングオフ期間があれば，企業は無期雇用への転換義務を負わないとする抜け道を残し，また 5 年直前の「雇い止」禁止規定に経営側の解釈余地を残した。そのため，無期契約への転換は容易ではない。

EU においても，非正規雇用は増加するが，わが国のような急増はみられない。わが国の非正規雇用自由化に対し，EU は「濫用の防止」措置の導入を各国に義務付けているからである。フランスでは，非正規雇用の採用を産休・病休などの欠勤労働者の代替等，採用条件を限定する。いわゆる入口規制である。また，EU は統一指令として，有期雇用契約の更新に際して，(1) 更新の正当な理由，(2) 最長総継続期間，(3) 更新回数，これらいずれかの規制措置の導入を各国に義務付ける[12]。EU は労働規制の緩和を受け入れつつ，一定の歯止めをかけている。この歯止めの有無が，EU とわが国の非正規雇用者比率の差であり，労働条件の後退と崩壊の分かれ目となっている。

（2）賃金差別合法化

　新自由主義に基づく労働規制緩和の第2は，増大した非正規雇用者に対する賃金差別の合法化である。合法化の根拠法が労働者派遣法，労働契約法，パートタイム労働法である。政府は，これらの法律の主旨が「不合理な差別の禁止」にあると説明するが，実際の法の主旨は，賃金格差を可能とする条件，根拠の提示にある。しかもあいまいな条件表現のため，企業側には大幅な裁量余地が与えられた。「労働者派遣法」では，「職務の内容，職務の成果，意欲，能力若しくは経験等を勘案」（第30条の3）して，派遣労働者と派遣先の労働者とで賃金格差を設けることは合法とみなされる。

　均衡処遇規定が導入された改正「労働契約法」（2012年）においても，「業務の内容及び当該業務に伴う責任の程度……配置の変更の範囲その他の事情を考慮」（第20条）して，有期雇用契約労働者と無期雇用契約労働者とで賃金格差を設けることは合法とされる。

　2014年改正「パートタイム労働法」は，労働契約法の2012年改正を受けて，賃金格差合法化の根拠に「その他の事情」を加えて，「職務の内容，人材活用の仕組み，その他の事情を考慮」（第8条）した賃金の格差を合法化する。「その他の事情」というあいまいな規定は，経営側に非正規労働者に対する賃金切り下げの大きな裁量権を与えるものである。

　あいまいな規定をもって非正規労働者に対する賃金差別を合法化するわが国に対し，EUでは差別禁止，同一労働同一賃金の原則を非正規についても明確に規定する[13]。パートタイム労働者の「賃金，休日手当，解雇手当，退職金は労働時間を考慮して，同等の職務のフルタイム労働者に比例した額とする」（1997年），また有期雇用契約についても「賃金は同等の職務の常用労働者

を下回らない額」(1999年)とし,さらに派遣労働者の賃金は「利用企業の同等の職務を占める労働者の賃金に匹敵する額又は当該業界のための労働協約に定める額とする」(2008年)。これらの欧州委員会指令が各国の規制緩和に縛りをかける。

非正規の多くは女性によって占められるが,男女の処遇についても,「同一労働又は同一価値が帰せられる労働に関し,報酬のあらゆる側面及び条件について性別に基づく直接及び間接の差別が禁止される」。こうした男女均等原則が欧州議会で2005年に採決されている。わが国の一般職,総合職の区分を根拠とする女性に対する間接差別,そして正規,非正規区分を理由とする女性に対する差別賃金は認められないのである。

有期雇用契約労働者,およびパート労働者が,正社員との賃金等の待遇格差を不合理であると訴えた一連の裁判に対する最高裁の判決は,労働契約法,パートタイム労働法の目的が不合理格差の規制ではなく,逆に差別的格差を合法化するものであることを明らかにした。ハマキュウレックスの契約社員(トラック運送業務),長澤運輸の定年後再雇用契約社員(トラック運送業務),および日本郵便の契約社員による待遇格差訴訟に対し,最高裁は,通勤手当,皆勤手当,年末年始勤務手当,これらいくつかの手当については,待遇格差を不合理とした。しかし,これは労働契約法の濫用を否定したにすぎず,基本給,ボーナスについては格差の不合理性を否定した。また,大阪医科大学アルバイト秘書,メトロコマース駅売店の契約社員のボーナス格差,退職金不支給訴訟に対しても最高裁は待遇格差の不合理性を否定した[14]。

最高裁が,基本給,ボーナス,退職金という待遇格差の本丸を合法としたその根拠が,労働契約法,パートタイム労働法の

「職務の内容」,「配置の変更」の可能性,「その他の事情」である。しかもこれらの規定が個々の訴訟事例でなぜ当てはまるのか, その具体的根拠は示されなかった。最高裁は, あいまいな法文規定を根拠に待遇格差を合理的としたのである。非正規雇用に関わる 3 法の狙いが待遇差別を禁止するものではなく, 合法化するものだからである。

　それゆえ, そうであるからこそ, 最高裁は, 労働契約法, パートタイム労働法に基づいて判断を下すのではなく, 賃金格差を合法とする法律そのものが憲法の定める, 基本的人権, 生活権に違反するとの違憲判決を下すべきであった。

　安倍内閣は, 2018 年 8 月 30 日「同一労働同一賃金」に関する指針原案を公表する。そこでも管理コースか否か, 職務内容や勤務地変更の有無, 目標に対する責任と懲罰の有無を根拠とする基本給の格差は合理的とされる。

(3) 過労死合法化

　労働規制緩和の第 3 は, 長時間労働, 過労死の合法化である。もともとわが国は, 所定労働時間を超えた残業時間の規制は存在しなかった。労働基準法第 32 条は, 1 日 8 時間, 週 48 時間を超えて労働させはならないと定める。しかし, この第 32 条に続く第 36 条がこの第 32 条の規定を効力無きものとする。第 36 条を用いて経営者は, 組合, あるいは従業員と書面による協定を結ぶことによって第 32 条に拘束されることなく労働時間の延長を行うことが認められる。わが国では労働組合, 従業員は, 対経営交渉力を欠き, 残業時間の上限設定は経営側の判断によって行われてきた。

　さらに, この第 36 条とは別に, これまで第 32 条の回避を可

能とする規制緩和が導入されてきた。1つは，運輸業に関する規制緩和である。1990 年「物流二法」により，トラック事業は許可制から認可制となり，また運賃の自由化，貨物物流斡旋ビジネスが解禁され，続く 2003 年「物流三法」により，営業区域制が廃止され，またドライバーの連続 144 時間運行が可能とされた。結果は，トラック業界の過当競争と運賃引き下げ競争であり，そのしわ寄せを受け，ドライバーの賃金は引き下げられ，長時間労働は過酷を極めることになる。

2つは，裁量労働制の規制緩和である。実際に働いた労働時間ではなく，みなし時間をもって作業時間とするものである。この制度は，サービス残業を生む温床となり，経営者に対する残業規制のタガを外す。1988 年に外回り等の事業場外労働，および専門業務型裁量労働制が導入された。当初専門業務は 5 業務であったが，1997 年 11 業務，2002 年 18 業務，2003 年 19 業務と緩和され，その間 2000 年には専門業務とは別に企画業務型裁量労働制が加えられる。トヨタでは，裁量労働制適用者 1740名のうち 347 名の残業が月 80 時間を超え健康診断の対象となる（『しんぶん赤旗』2016 年 10 月 7 日）。三菱電機では 2014 年から 2017 年の間に裁量労働制で働く 3 名が過労自殺，脳疾患，精神障害で労災認定を受ける（『朝日新聞』2018 年 9 月 17 日）。

3つは「変形労働時間制」である。この制度の下では，週平均 40 時間以内であれば，割増賃金を支払うことなく，残業を求めることが可能となる。1987 年にそれまでの 4 週間単位に替わり，1 週間単位，1 ヶ月単位，3 ヶ月単位の変形労働時間制が導入され，1992 年には 3 ヶ月単位に替わる 1 年単位の変形労働時間制が導入された。

残業時間の有効な上限期制を欠く下で労働時間規制が緩和さ

れ，過労死が後を絶たない。この間，労災認定訴訟を通して，脳・心臓疾患は，月残業が 80 時間を超えると顕著に増加することが明らかにされ，そのため労災認定の基準として月残業 80 時間が一つの目安とされてきた。『朝日新聞』が行った 36 協定調査によれば，東証一部上場 225 社のうち，80 時間未満 68 社，80 時間以上 100 時間未満が 89 社，100 時間以上が 68 社であった（『朝日新聞』2017 年 12 月 4 日）。長時間労働の放置は大手企業に限られない。大手企業の下請けが多く集まる群馬県の労働局が県内 381 事業所を調査（2016 年度）したところ，171 事業所で 36 協定を結ぶことなく残業が行われており，137 事業所では残業が月 80 時間を超える。また 87 事業所では月 100 時間を超える残業の 36 協定が結ばれていた（『東京新聞』2017 年 9 月 25 日）。

　残業時間の上限規制を求める世論を逆手に取り，安倍内閣は「働き方改革」の一環として罰則付き上限規制を強行採決によって導入する（2018 年 6 月 29 日）。労働基準法第 36 条に新たに，(1) 時間外労働は最大年 720 時間以内，(2) きわめて忙しい 1 ヶ月の残業の上限は 100 時間未満，(3) どの 2 ～ 6 ヶ月も残業は 80 時間以内，(4) 時間外労働が月 45 時間を超える特別条項（第 36 条）の適用は年 6 回以内，以上 4 条件が加えられた。ただし，(1), (4) の規制は休日労働を対象外とする。なんのことはない，休日労働を含めれば，毎月 80 時間，年 960 時間の残業が可能となる。これまで締結されてきた，月 80 時間残業の 36 協定を改めて合法としたのである。

　この結果，これまで行政・司法判断としての過労死認定基準，残業 80 時間は法的には根拠を失う。過労死の合法化である。2011 年度から 2016 年度の累計で，残業月 80 時間未満で脳・心臓疾患の労災認定を受けた者は 118 名（同疾患認定者の 7.2％），

精神疾患の労災認定を受けた者は 1080 名（同疾患認定者の50.1%）である。今後，これらのケースは労災保険による救済の対象から外される可能性が生まれる。しかも，過労死の多い自動車の運転業務，建設業，医師については残業時間の上限規制から外された。

さらに安倍内閣は，かねてより日米財界の要望が強かった「高度プロフェッショナル」制度を「働き方改革」の一環として強行採決により，導入した。裁量労働制のさらなる規制緩和である。これは，一定の年収要件を満たす「高度な」職業能力を有する労働者を対象に，時間外・休日・深夜の割増賃金の適用を外し，しかも年間 104 日以上かつ 4 週に 4 日以上，年に 1 回以上の連続 2 週間の休日条件を満たせば，残業時間規制の対象外とするというものである。これもまた過労死合法化である。

EU では「労働時間指令」により，7 日につき残業も含めて平均 48 時間労働，24 時間につき連続 11 時間の勤務時間インターバル，夜勤は 24 時間につき平均 8 時間とする夜勤時間規制，最低 4 週間の連続年次有給休暇の導入を各国に義務付ける[15]。このEU 指令に基づき，ドイツ，フランスでは，1 日 10 時間，週 48時間の上限を法制化する。

EU とわが国の労働時間規制の差は歴然である。わが国では，労働関連の ILO 条約 18 本のうち 1 本も批准することなく，労働時間規制を緩和し，過労死に至る長労働時間を合法化してきた。こうした労働時間規制の緩和の結果が，サービス残業，脳・心臓疾患，過労死・過労自殺，精神疾患の蔓延である。

第 3 節　新自由主義政策と労使関係

　確かに，EU では正規雇用と非正規雇用の間の待遇格差拡大に対する抑制規制が導入されてきた。とはいえ，EU においても新自由主義政策に基づく労働規制の緩和と無縁であったわけではない。ドイツでは 2003 年に非正規雇用の規制が緩和され，その後スペインでも期限付き雇用の期間の上限が 5 年に延ばされ，また集団解雇規制が緩和された。イタリアでは 2014 年に採用後 3 年以内の労働者の解雇規制が緩和される[16]。

　しかし，労働者はなぜこうした労働条件の後退，ひいては労働分配率の低下につながる労働規制の緩和を防げなかったのか。その背後には労使関係の変化がある。政官財癒着形成により独占資本が政策決定権を掌握するとはいえ，労働者に大きな影響を及ぼす新自由主義的労働規制の緩和は，一夜にして成立するのではなく，徐々に労働市場のルールをぬり変えていった。この新自由主義政策の展開そのものが，それまでの組合組織率低下に拍車をかけ，組合の対抗力を削ぎ，労使関係をより経営優位に変えてきたからである。わが国の場合，新自由主義政策の導入時点ですでに労働組合の対抗力は骨抜きにされており，新自由主義政策の展開により組合の対抗力はさらに弱体化することになる。この結果が非正規雇用差別の合法化，長時間労働・過労死の合法化による労働条件の崩壊である。

　本節では，新自由主義政策とその下でのグローバル化がなぜ労使関係を経営優位に作用するのか，そのメカニズムを明らかにする。

（1）イデオロギー戦略
　第 1 の要因は，新自由主義政策導入に際して独占資本が展開したイデオロギー戦略である。1980 年のレーガン政権誕生に先

立つ1971年，アメリカ商工会議所は，独占資本ビジネスの自由を保障する，自由企業体制の奪還を決意し，保守系シンクタンク，マスコミ，学者を総動員して自由経済思想の宣伝を開始する。新自由主義政策こそがオイルショック後のスタグフレーションを解決すると宣伝され，新自由主義思想を受容する方向に国民意識をしだいに変えていった[17]。

F.ハイエク，M.フリードマン等の市場原理主義に基づく新自由主義政策の主張に対し，労働者，組合は守勢にまわらざるを得なかった。政策の影響が明らかになる前に，反対世論を形成することは困難であった。独占資本側のイデオロギー戦略が勝利し，レーガン政権，サッチャー政権，そして日本では第二臨調が喧伝される中で，中曽根政権が新自由主義政策の導入を開始する。

（2）組合バッシング

第2の要因は，新自由主義政策の柱の一つをなす反組合政策，組合バッシングである。サッチャー政権は，当時組織力を誇った炭鉱労働者のストライキに介入，他方レーガン政権は航空管制官ストライキに介入，それぞれストライキを敗北に追い込む。レーガン政権はストライキに参加した労働者の公務員への採用を生涯にわたって禁止した。その後，レーガン政権は，労働組合と経営との紛争の仲裁を担う全国労働関係局の委員，事務局長人事に介入，さらに組合との交渉なしに，組合支部がある職場の労働者を支部のない職場に移すことを合法とする。組合支部のあるプラント閉鎖を可能としたのである（*Business Week*, June 11, 1984, p.61）。

政権による反組合政策の下で，RTW法（Right-to-Work）を制

定する州が増加する。RTW 法とは，ワグナー法修正（1947 年）によって導入された制度で，組合と経営との労働契約交渉の恩恵を受けるにもかかわらず，非組合員であれば，組合費相当分を支払う義務はないとするものである。RTW ルールは，組合財政にマイナスとなるばかりか組合加入のインセンティブを減じる。トランプ政権下，最高裁は 2018 年，組織力を保つ公務員への RTW 法の適用を認め，さらに職場の問題を労使の仲裁によって解決し，集団訴訟に持ち込むことを禁止する労働契約の締結を合法とする[18]。

　わが国では，すでに述べたように中曽根政権が国鉄労働組合を解体し，労使協調路線をとらない日本労働組合総評議会を解散に追い込む。EU では，独占資本の団体が，労働組合を分断し，その組織力を削ぐべく，産業・地域単位での集団労使交渉方式から，日本式の個別企業単位での労使交渉方式への転換を進める[19]。

（3）産業空洞化

　第3の要因は，新自由主義的な貿易自由化協定による，独占資本のビジネス活動に対する国境規制の緩和，撤廃である。WTO 協定，NAFTA，TPP，そして2国間の投資協定による市場開放，とりわけ途上国の市場開放が進み，独占資本による途上国への進出が加速化した。

　世界上位非金融会社 100 社の海外事業資産，売り上げ，雇用比率はいずれも 2008 年には 50％を超える[20]。アメリカの多国籍企業（製造業）は総資産の 60％を海外子会社が占める[21]。日本の場合，海外生産が最も進む輸送機械産業では，その海外生産比率は 47.2％（2015 年度）であり過半数に迫る[22]。製造業の海

外直接投資の拡大は，国内工場の海外移転を伴い，国内製造業の空洞化を生む。輸出向け国内製造においても中間部品の海外調達が拡大する。オフショアアウトソーシングの拡大である[23]。

　工場の海外転移，およびオフショアアウトソーシングの増加に伴い，製造業雇用者が減少する。アメリカでは製造業雇用者数は，1979 年の 1943 万人から 2020 年 11 月には 1225 万人，約 720 万人減少する[24]。日本では，製造業雇用者は，1992 年のピーク 1382 万人から 2020 年の 1003 万人へ，約 380 万人減少する[25]。こうした製造業の空洞化，雇用者の減少は，比較的賃金が安定した職の減少を招くと同時に，製造業は組合の組織化が進んだ分野であっただけに組織率の低下と組合力量の低下につながる。

（4）労働市場の国際化

　第 4 の要因は，独占資本の海外進出によるグローバルな生産ネットワーク，いわゆるグローバルサプライチェーン（GSC）形成である。GSC 形成により，独占資本の側は雇用の選択肢をグローバルに広げる。他方，国内労働者の選択肢は国内に限定される。労働条件をめぐる労使交渉において，雇用機会の選択肢の多い側が優位に立つ。先進国の労働者，組合は，途上国の労働者と雇用条件を競わされ，雇用の機会を失うか，労働条件の引き下げを受け入れるかの選択を迫られる。GSC 形成は，労働市場の競争構造を変え，労働者，組合サイドの交渉力，組合の力量・対抗力を弱体化する。

（5）労働規制の緩和

　第 5 の要因は，労働規制の緩和そのものである。労働規制緩

和の進行は，労働者側の対抗力の後退を前提とするが，労働規制の緩和自体がさらに労働者側の対抗力を弱体化する。非正規雇用が増大すればする程，労働者間の分断，亀裂は深まる。同じ職場にもかかわらず雇用形態，雇用主の異なる労働者が働くことになれば，組合の組織化は容易ではない。労働者が分断され，組織化が困難となれば，労働者側の交渉力の発揮が困難となる。

　新自由主義政策の導入が，労働者，労働組合の力量にマイナスに働き，資本側の立場を優位に導くとはいえ，その度合は各国で異なる。もともと組合組織率が高く，組合の社会的影響力が強い国にあっては，組合の対抗力弱体化の第2の要因として指摘した反組合政策の導入は制約を受け，その結果，組織率の低下，組合の社会的影響力の後退は抑制される。反対に組合組織率の低下が急速に進んだ国（アメリカ，日本）では反組合政策の導入は容易となり，組合の力量は一段と後退を迫られる[26]。

　資本と労働との間の分配決定における組合の役割は大きい。組合が産業別，地域別に組織され，経営団体との中央交渉が成立し，労働協約のカバー率が高ければ，その社会的影響力により，労働規制の緩和に対し抑制をかけることが可能となる。さらに，社会保障制度も安定的に維持され社会的分断も抑制される[27]。反対に，組合組織率が著しく低い国，あるいは日本のように，企業別組合として組合相互が分断統治され，組合が社会的影響力を十分に行使しえない国では，新自由主義政策に基づく労働規制の緩和，廃止が容易に行われ，労働条件の崩壊が進むことになる[28]。

第4章　独占的市場構造とレント搾取

はじめに

　独占資本は，中小企業・自営業者，消費者と商品，サービスの売買関係に入る。その市場取引において，独占資本は価格を初めとする取引条件の設定において優位に立つ。高い市場集中に基づく，独占資本による市場支配である。独占資本は，この市場支配力を行使し，購入価格を引き下げ，あるいは販売価格，サービス利用料を吊り上げ，中小企業・自営業者，消費者から独占レントを徴集する。中小企業・自営業者の所得，消費者の所得が独占レントの第 2 の源泉をなす。

第1節　サプライチェーンと中小企業

　独占資本，中小企業は，互いに取引の安定性を求め，また独占資本はフレキシブルな市場対応力を求め，中小企業と長期取引関係に入る。独占資本によるサプライチェーン形成である。
　製造業を例に取ると，生産プロセスは原材料生産に始まり，素材加工を経て部品が生産され，部品が組み立てられて最終製品となり販売される。物流を含むこれら一連のプロセスを管理するのがサプライチェーンマネジメントである。輸送機器，電気機器，携帯端末機器においては，最終組立て，あるいは端末販売を行う独占資本がサプライチェーンを形成し，素材加工，部品の製造を担う国内外の企業を下請けとしてその管理下に組み込む。

　サプライチェーンは，その各製造段階で労働が投下され，付加価値が積み上げられていくバリューチェーンでもある。問題は各段階で積み上げられていく付加価値が，サプライチェーンを管理する独占資本と下請企業，とりわけ中小企業，その下で働く労働者との間でどのように配分されるのかである。結論を先取りして言えば，市場支配力を持つ独占資本が取引条件，従って付加価値の配分決定において優位に立つ。つまり，中小下請企業の利潤を独占レントとして吸い上げる。また，下請企業は利潤を確保すべく賃金を抑制する。下請企業の付加価値の親企業へのシフトである。

　自動車産業について見れば，そこでは完成車メーカーが，数社で市場の過半を支配する独占的市場構造が形成され，完成車メーカーを頂点とする下請取引がピラミッドを形成する。トヨタの場合，一次下請約 400 社，二次下請約 5000 社，三次下請約 3 万社，以下四次下請と，数万社からなる下請取引のピラミッドを形成する（『週刊ダイヤモンド』2009 年 2 月 14 日，51 ページ）。トヨタは，その下請けに対し，原則毎年 4 月と 10 月の 2 回，オンラインで部品の新単価を通知する。トヨタと下請けの間には対等な契約交渉は存在せず，下請企業は毎回 1 〜 1.5％の納入部品単価の値下げが求められる（『週刊東洋経済』2007 年 2 月 24 日, 73 ページ；『選択』2018 年 4 月，82 ページ）。

　納入部品の単価引き下げ通告を受けても下請企業は経営努力によってそのすべてを吸収することはできず，利益の圧縮，さらには労働者の賃金抑制によって対応せざるを得ない。トヨタの年収を 100 とした場合，従業員 500 〜 900 人規模の一次下請企業の労働者の年収は 70.1％，従業員 100 〜 199 人規模の二次下請企業の年収は 62.4％，従業員 30 〜 49 人規模の三次下請企業の年収は

45.5％, 10 〜 19 人規模の四次下請企業の年収は 41.8％, 金額で 344 万円である。四次下請の従業員 1 〜 3 人規模企業となると年収は 178 万である（前掲『週刊東洋経済』73 ページ）。

　トヨタは, 下請企業の部品単価の引き下げにより 2000 年から 2008 年で 1 兆 6400 億円, 2009 年から 2010 年で 5200 億円, この 10 年間で計 2 兆 1600 億円の経費を削減し, 巨額の利益を確保する[1]。

　カルロス・ゴーン元会長による日産自動車の業績回復も, 30％の下請企業の整理・切り捨て, および下請部品単価の引下げによる購買コストの削減による。ゴーン会長就任直後の 2000 年度決算で日産自動車は黒字回復を果したが, その 99％は購買コストの削減, つまり下請企業の付加価値の召し上げによるものであった[2]。

　小売業でも, 1990 年代以降の規制緩和により, 大手小売資本への市場集中が進む。1994 年から 2014 年にかけて小売販売額は約 15％減少するが, オンライン販売を含む大手 10 社の販売額は, 同じ期間に 2.3 倍を超えて増加する[3]。その大手小売独占は, 仲卸, 中小食品加工業者を下請けとしてサプライチェーンを形成する。ここでも小売独占は下請企業に対し, バリューチェーン内での付加価値配分において優位に立つ。

　一般財団法人「食品産業センター」が行ったアンケート調査[4] によれば, 大手小売業者による「協賛金の要求」があったとする中小食品製造業者は 27.8％, そのうち「ケースバイケースで応じている」が 58.1％, 「全て応じざるを得ない」,「ほとんど応じている」が 34.8％, つまり 92.9％の中小業者は応じざるを得ないと回答する。また, 物流センター利用料金（センターフィ）負担要請に対して, 63％は応じざるを得ないと回答する。また 40.7％の業者は, センターフィ利用料の支払い額がセンター利用によるコス

ト削減効果を上回ると回答する。望まない物流センター利用の押し付けと搾取の実態が見てとれる。

　さらに，大手小売業者による従業員派遣要請があったとする回答が20.4％であり，その94.2％は要請に応じざるを得ないと答える。しかも，派遣要請には計画性がなく，41.1％の中小業者は事前協議もないと答える。また，10.8％の業者は不当な値引き，特売商品の買いたたきがあったと回答する。協賛金にせよ，センターフィ支払い，要員派遣，これらはいずれも下請中小業者へのコスト負担の転稼であり，納入商品の値引き強制に他ならない。

　コンビニエンスストア業界では，チェーン運営会社が加盟フランチャイズ店および下請食品製造業者に対して取引上優位に立つ。セブン・イレブン・ジャパンは，下請代金支払遅延防止法第4条に違反したとして公正取引委員会による「勧告」を受ける（2017年7月21日）。これは，セブン・イレブン・ジャパンが下請食品製造業者に対し，「商品案内作成代」，「新店協賛金」の名目で支払い代金を一方的に差し引いたというケースである。

　下請業者に対する代金支払い遅延もまた，納入単位の引き下げと同様，下請企業から親企業への付加価値配分のシフト，独占レント徴集を意味する。支払い期間の延長は，親企業にとっては金融コストの削減となるが，下請企業にとっては金融コスト負担となるからである。支払い代金の遅延は，わが国では古くて新しい問題である。アメリカでは，飲料メーカーのアンホイザーブッシュとインベブとの合併後，その圧倒的シェアの実現を背景に，中小納入業者に対する代金支払い期限がそれまでの30日から120日に一方的に延長された。その後，ケロッグも同じ決定を行う[5]。

　サプライチェーン形成を介した，下請企業，自営業者から親企業への所得シフトは国内に限定されたものではない。資源，農産

図4-1　バナナ(エクアドル),小売価格1ポンドのバリューチェーン

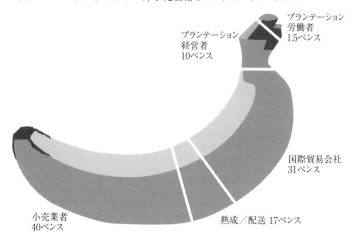

プランテーション
労働者
1.5ペンス

プランテーション
経営者
10ペンス

国際貿易会社
31ペンス

熟成／配送 17ペンス

小売業者
40ペンス

（出所）Vorley, W. (2003) *Food, Inc. :Corporate Concentration from Farm to Consumer*, UK Food Group, August, 2003, p.52.

物分野において国境を超えたサプライチェーン管理による独占レント徴集の歴史は古い。

　バナナは，チキータ，ドール，デルモンテ・フレッシュプロダクトなどアグリビジネス資本が独占的に農園から買いつけ，船積み，熟成，梱包，配送を一括管理し，提携する大手小売業者に納入する。図4-1は，エクアドル産のバナナの小売価格1ポンド当たりの取り分を示したものである。最大の取り分は小売大手で40ペンス，以下貿易業務部門26ペンス，熟成・梱包・配送部門17ペンスと，小売を含むアグリビジネスが83％を取得する。農園主の取り分は10ペンス，農園労働者の取り分はわずか1.5ペンス（1.5％）にすぎない。

　コーヒーもまた，農園主から船会社を経て，焙煎業者，そして

小売というサプライチェーンを形成する。バリューチェーンを見ると，コーヒーの小売価格の90％は，大手焙煎業者と小売業者，これらアグリビジネスが受け取り，農業労働者に残るのは，1.7％にすぎない[6]。

新自由主義政策の下で，製造業についてもサプライチェーンのグローバル化が進展する。今日，世界貿易の60～80％は，このクロスボーダーサプライチェーンが関わると推計される[7]。

ドイツ向け格安ジーンズは，綿花（カザフスタン）→インディゴ染料（ポーランド）→染色（チュニジア）→防シワ加工と生地（ブルガリア）→縫製（中国）→ブランドロゴ縫い付け（ドイツ）→販売というサプライチェーンを形成する。ブランド権を持つドイツの小売資本が販売額の50％を取得する。輸送費・諸税11％，工場運営費13％，広告費25％，労働者の賃金は1％にすぎない[8]。途上国の中小企業，自営業者，労働者の所得がサプライチェーン運営企業に独占レントとして吸い上げられている。

図4-2は，アップルと一次下請企業との間で粗利益がどのように配分されたかを見たものである。一次下請は半導体，液晶画面，バッテリー等を供給する大手企業であり，受託生産を担う台湾企業の鴻海精密工業も世界的大企業であるが，アップルの利益58.5％に対し，一次下請の利益は合計で14.5％と差は大きい。一次下請の下で働く労働者の賃金は中国以外が3.5％，生産組み立てを担う中国の労働者の賃金は1.8％にすぎない。中国での労働者の取り分は，バナナ，コーヒー栽培労働者の取り分比率と変らない。携帯端末の市場規模は大きく，その市場で高いシェアをもつアップルは，その独占力を行使して，一次下請を含む下請企業の付加価値を独占レントとして吸い上げる。

このように，サプライチェーンを介した独占レント徴集は下請

図4-2　アップルiPhoneの粗利益構成

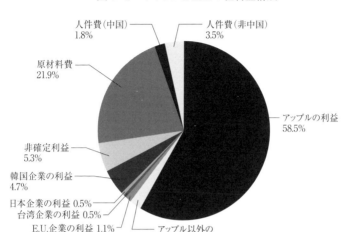

（出所）Kraemer, K. L., G. Linden and J. Dedrick（2011）"Capturing Value in Global Networks:Apple's iPad and iPhone,"July, 2011, p.5.

企業で働く労働者に及ぶ。鴻海精密工業は，中国衡陽市で，アマ ゾンのキンドル，エコー・ドット，タブレットを生産するが，そ こでは派遣労働者が40％以上を占め，時給2.26ドル，月収390.16 ドルで働く。この月収は衡陽市の平均賃金の3割から6割でしか なく，繁忙期は月100時間を超える残業を強いられるも割増は付 かない[9]。

　クロスボーダーサプライチェーンに組み込まれた労働者は4.53 億人（2013年）[10]，このグローバルサプライチェーンで生み出さ れた付加価値の67％はOECD諸国の独占資本の収入となる[11]。

第2節　プラットフォーム独占と中小企業

　新自由主義政策による国内，国境措置の規制緩和は，一方でサプライチェーンのグローバル展開を推進し，他方で新たな独占的市場構造を生み出してきた。インターネットと情報処理技術の革新によって生み出されたプラットフォームビジネスである。ここでいうプラットフォームとは，何かを売りたい，あるいは発信したいという企業，人々と，何かを購入したい，あるいは知りたいとする企業，人々とを結びつける場，入口を意味する。グーグル，アマゾン，フェイスブック，アップル，これら GAFA 企業は，それぞれのプラットフォームを独占し，そのビジネスに中小企業，自営業者，また大手企業をも取り込み，新たな独占レント徴集の仕組みを作り上げる。

（1）M&A とプラットフォーム独占
　プラットフォーム運営企業は，1980 年代以降の M&A 規制，つまり水平，垂直合併規制の緩和を含む，反トラスト規制の緩和により，巨大な独占的市場構造を形成するに至る[12]。GAFA の株式時価評価額は 5 兆ドルを超え，アメリカ S&P100 の時価総額の 3 分の 2 を上回る。これらプラットフォーム運営企業は，プラットフォーム独占を利用して，隣接市場でも集中度を高め（monopoly leverage），支配領域を次々と拡大する[13]。
　グーグルは，少なくても 260 社以上を合併・吸収し，独占領域を拡大する。グーグルの第 1 の競争優位はスマートフォン，タブレットといった携帯端末のオペレーション・システム（OS）の独占である。OS アンドロイドは，世界の 75％，アメリカでは 54％

のシェアを握る。第2の競争優位は，このOS市場独占を用いたネットワーク検索の独占である。グーグル・サーチは，ネット検索エンジンで世界の92％（アメリカで87％）の圧倒的シェアを持つ。第3の競争優位は，インターネット閲覧ソフトの独占であり，閲覧ソフト，グーグル・クロムは，世界の66％，アメリカではスマートフォンの37％，デスクトップの59％を占める。さらに，グーグルは，M&Aを介してオンライン案内地図市場でも80％のシェアを実現する。車の自動運転が現実のものとなる中，このマップ技術は第4の競争優位を形成する。

　グーグルの収益の83％は広告収入による。この広告収入を支えるのがネット検索エンジン，グーグル・サーチの独占である。サーチ広告が広告収入の61％を占める。インターネット閲覧ソフト，クロムはグーグル・サーチをデフォルト（初期設定）とする。また，アンドロイド用アプリ市場であるグーグル・プレイ・ストアの利用は，グーグル・サーチのデフォルト設定を条件とし，グーグル・サーチの市場独占を支える。このグーグルのアプリ市場は，グーグルの第2の収益源をなし，アプリ市場において，グーグル・プレイ・ストアは6割のシェアを実現する。携帯のOSアンドロイド独占によるアプリ市場の独占である。

　アマゾンは，これまで100社以上の合併・吸収を経て，オンライン・モール・プラットフォームで圧倒的シェアを実現する。オンライン購入者の66％はまずアマゾンで検索する（アメリカ）。アマゾンは，オンライン・モールを運営する一方，調達した自社製品も出品し販売する。アマゾン・マーケット・プレイスは，オンライン・モール市場の約50％を占め，オンライン・モールを含む小売市場において，世界最大の小売企業ウォルマートの販売額を追い上げる。日本においても，オンライン・モール市場において，

利用者数で楽天を上回る。

　利用者拡大の鍵となるのが出店企業数である。アメリカではアマゾン・マーケット・プレイスには約230万の販売事業者が出品する。その第三者販売事業者の37％（85万）はアマゾン・マーケット・プレイスのみを市場とする。

　アマゾンは，ネット市場の独占を足掛かりに，配送，物流部門に進出し，物流市場でのシェアを高める。アマゾン・マーケット・プレイスでの取引の75％は，アマゾンの配送，物流部門であるファルフィルメント・バイ・アマゾン（FBA）を利用する。FBAは，物流シェアにおいて，UPS（ユナイテッド・パーセル・サービス），フェデックス・エクスプレスに迫る（Reuters, Febuary 1, 2020）。アマゾンはFBAの利用の際，アマゾンのモール利用商品か否かで送料に差をつけることによってアマゾン・モールの利用を迫り，さらにこのアマゾンのモール支配を武器として医薬品の販売・流通にも進出する[14]。

　アマゾンのアレクサは，スマート・スピーカー市場で61.1％のシェアを握る（アメリカ）。アレクサは，アマゾンのモール商品を優先的に紹介し，モール市場シェア拡大戦略の一角を形成する。

　さらに，アマゾンは，アマゾン・マーケット・プレイスの運営において，ウェブサイトへの膨大なアクセスを処理する必要から，サーバーの技術開発を行い，クラウド技術を磨く。ユーザー全員が共同利用するパブリック・クラウド市場においてアマゾン・ウェブ・サービス（AWS）は51.9％の圧倒的シェアを握る[15]。このたび日本政府は，政府の行政情報管理をAWSに委託する決定を行う。

　フェイスブックは，これまで63社以上を合併・吸収し，ソーシャルネットワーク型プラットフォーム市場を独占する。アメリカ

ではスマートフォン利用者の 75％，ドイツでは 90％がフェイスブックを利用する。フェイスブックの売り上げの 98.5％は広告収入であり，デジタル広告市場でフェイスブックは，シェア 42.1％のグーグルに次ぐ 24.6％のシェアを持つ。

　最後に，アップルはこれまで 100 社以上の企業を合併・吸収し，スマートフォン，タブレット端末の OS 市場で，アップル iOS は世界の 25％，アメリカでは 50％以上のシェアを実現する。アップルはこの OS 市場のシェアをテコに iOS に対応するアプリ市場，アップ・ストアをプラットフォームとして運営する。アプリ市場において，アップ・ストアは，グーグル・プレイ・ストアのシェア 60％に次ぐ 40％のシェアを占める。アップルは iOS を掲載するスマートフォン，タブレットの機器ビジネス，および iOS 用のアプリ市場サービスを収益の 2 大柱とする。

　かくして，GAFA は，水平，垂直合併を用いてプラットフォームビジネスを独占し，さらにそのプラットフォーム独占を利用して隣接市場においても市場集中を実現し，市場支配領域を次々と拡大する。GAFA は，この独占的市場構造を根拠として独占力を行使し，独占的行為を働く。

（2）競争排除

　第 1 の独占的行為は，独占的地位の維持，確保を目的とした競争相手の市場からの排除である。売り上げの 8 割を広告収入に依存するグーグルにとっては，広告収入につながるグーグル・サーチのシェア確保がビジネスの鍵を握る。それゆえ，グーグルは，スマートフォンを製造するメーカーに対し，グーグル・サーチをデフォルト設定するよう働きかけ[16]，あるいはグーグル・プレイ・ストア，閲覧ソフトのクロムにグーグル・サーチをデフォルト設

定する。さらに，アップルのインターネット閲覧ソフトであるサファリ，モジーラ社のファイアフォックスについても，グーグル・サーチをデフォルト設定するよう両社と契約を取りかわす。

　グーグル・サーチへの囲い込みに加え，グーグルは，グーグル・サーチのサイト内においても，他企業が提供する特定分野サーチ（垂直サーチ）の内容を盗み，あるいは他企業のサーチ結果を下位表示し，他社の特定サーチを排除する[17]。

　また，当時，オンライン上のビデオ広告スペース購入を希望する企業に支援ソフトを販売するアップネクサス社は，急速に業績を伸ばしていた。しかし，アップネクサス社は，グーグル・プレイ・ストアを介さずにアプリ販売を行っていたため，グーグルはアップネクサス社を排除すべく，グーグルが運営するユーチューブ上でのアップネクサス社の取引を禁止し，アップネクサス社のビジネスを排除する。

　アマゾンは，売り上げの 50.4％をオンライン・モールが占め，そのうち 19.2％を第三者販売が占める[18]。そのため，アマゾン・マーケット・プレイス以外のオンライン・モールを平行して利用する事業者に対し，遅配等の嫌がらせを行い，自社モールへの抱え込みを図る。また，アマゾンは，自社運営モール内においても，情報を掌握する立場から，第三者企業の売り上げの拡大が期待できると判断すれば，略奪的価格（大幅値引）販売をぶつけて当該第三者企業の経営を破綻に追い込み，あるいは製品をコピー，あるいは製造元を突き止めて自社発注し，あるいは自社製品を検索上位に表示し，第三者企業のビジネスを乗っ取る。

　フェイスブックもまた，ソーシャルネットワークビジネス運営を通して得られる顧客の利用情報から，競争相手となる可能性のある企業を事前に察知し，合併・吸収する。あるいは時として競

争相手のフェイスブック利用を遮断，あるいはそのサービスをコピーして，競争企業を排除し，自社の市場独占を確保する。

　アップルは，スマートフォンの iPhone が売り上げの 54.7%，アップ・ストアとそのサービスが 17.8% を占める。アップルは，携帯端末の OS シェアを利用して，アップ・ストアを介さないアプリのダウンロードを禁止する。アップルはヤフーに対して，アップ・ストアの利用と並行して自社のアプリストア運営を行うことを中止するよう求める。また，アップルは，アップ・ストア内においても，アプリ開発で競合する他社を排除し，自社アプリのシェアを高める。排除の手法は，単純な利用排除，他社の開発情報の盗用，アプリ検索での自社アプリの上位表示等である。アップルは，iPhone を利用する Spotify に対し，アップ・ストア内のアップルミュージックを優先的に扱うよう求める。また自社のソフト（FindMy）を端末にデフォルト設定することによってライバルとなるソフト（Tile）の排除を図った。

　ちなみに，独占資本による競争排除行為は，プラットフォーム独占企業に固有なわけではない。当時中央演算処理操置（CPU）市場で 70% のシェアを持つインテルは，そのシェア確保と拡大を目的として，パソコンを製造するメーカーに対し，ライバル社の CPU を採用しないようリベートを支払い，またインテル製品内蔵のパソコンのみを販売する小売店に対してもリベートを支払った。この行為に対し，欧州委員会はインテルに対し，当時最高額の 10 億ユーロを制裁金として課す（2009 年 5 月）[19]。

（3）オーバーチャージ

　独占的市場構造に基づく GAFA の第 2 の独占的行為は，プラットフォーム利用者に対するオーバーチャージである。プラットフ

ォーム独占企業は，競争排除行為を働く一方，その市場支配力を行使して中小企業，自営業者に対して独占レントを課す。

　GAFA は，プラットフォーム利用条件の決定権を握る。利用業者側からすればプラットフォーム運営企業との取引条件の個別交渉は困難であり，運営側が利用規約，解約・ペナルティ規約を一方的に決定し，かつ変更を行う[20]。

　具体的に，アマゾンはアマゾン・モール利用業者に対し，契約料，売れ筋の悪い商品への課金，モール掲載料，販売手数料の名目で販売代金の 30 ～ 40％の支払いを求める。かつて，日本では，アマゾンによる値引き販売の原資の一部を事業者に負担させる行為に対して，公正取引委員会は立ち入り調査を実施した。その後も，アマゾンによる，出店業者に対する利益補填請求，協賛金支出請求，過剰在庫の引き取り要求，納入済み在庫品の値下げ，出店業者積立金の無効化行為に対し，公正取引委員会は，アマゾンが1400 社へ返金するよう指導を行う[21]。これらのアマゾンが行った行為は明らかにオーバーチャージであり，出店業者搾取である。

　また，アマゾンは，アマゾン・モール利用契約の際，自社配送サービス FBA の利用，あるいは広告契約との抱き合せを要求する。これも一つのオーバーチャージである。さらに，アマゾンは，検索において広告料と表示順位を結びつけることによって広告料を吊り上げる。

　グーグル，アップルは，アプリストアの運用において，アプリ開発業者に対し，販売代金の30％をプラットフォーム運営管理料として課す。さらに，アプリストア内で行われるアプリ販売に際して，アプリ開発事業者に対し，グーグル，アップルは自社の決裁システムの利用を義務付け，決裁利用代金としてアプリ販売額の30％の支払いを求める。カード決裁の利用代金が 2 ～ 3％であ

ることを考えれば，30％という決裁代金は独占レント徴集そのものである。

　グーグル，フェイスブックは，それぞれ売り上げの 8 割，9 割を広告収入が占める。両社のオンライン広告シェアは 6 割を超え，グーグルは第三者の広告主と第三者の広告媒体とをつなぐオープン・ディスプレイ・マーケットにおいても 50％のシェアを握る（アメリカ）。広告は新聞等の紙媒体からオンライン媒体にシフトする。日本では総広告費の 36％をオンライン広告が占め，アメリカでは新聞広告収入が半減する。従って，グーグル，フェイスブック等プラットフォーム企業の広告収入が拡大すればする程，国民の情報源および多様性が失われる。

第 3 節　独占資本と消費者

　労働者，中小企業，自営業者に続く，独占レントの源泉は，消費者でありその所得である。独占資本は高い市場集中に支えられた市場支配力を行使し，消費財価格，サービス料を吊り上げる。オーバーチャージによる独占レント徴集である。また，独占的市場構造は，カルテルの温床となり，独占資本はこのカルテル行為によって価格，サービス料金を吊り上げる。

（1）市場集中とオーバーチャージ

　クウォカによる 42 の M&A についての調査[22]によれば，M&A によって 101 の製品の市場集中度が上昇し，このうち 75％以上の品目で価格が引き上げられ，その引き上げ率は平均 9 ％以上であった。また，アメリカの製造業全体を対象に M&A とマークアップ率の関係を計量的に考察したブロニゲンとピアスの調査[23]によ

れば，M&Aとマークアップ率の上昇には明らかな相関関係が存在
する。M&Aにより競争圧力が緩和され，価格が吊り上げられるの
である。

　アメリカの医療産業では，毎年100以上の病院がM&A対象と
なり，各地域で病院の市場集中が進む。そうした中，2007年から
2014年にかけて患者の入院費用は42％，外来費用は25％上昇する。
しかも，集中が進み競争が働かない南カリフォルニアの入院費用
は，より市場が競争的な北カリフォルニアに比べ70％高い
（Hubbard(2020) *Monopolies Suck*, pp.39-40）。医薬品分野についても，
1995年の60社から2015年には15社に統合され，それに伴い薬
価が上昇する（Ibid., p.44）。マイラン社は，メルク社を合併しアナ
フィラキシー治療薬エピペンの製造権を手に入れ，10年間で価格
を100ドルから600ドルへ，6倍に吊り上げる（Ibid., p.48）。大手
製薬業界では，しばしば見せかけのマイナーな改良による特許期
間の引き延ばし，あるいはジェネリックメーカーへのリベート支
払いによってジェネリック薬品発販を遅らせ，薬価を高値のまま
維持する。これらの高値操作によって消費者は毎年それぞれ200
億ドル，140億ドルの過大な支払いを負わされている[24]。

　小売においても，M&Aにより集中が進み競争が緩和された地
域では，食料品価格も高目の設定がなされる（Khan and Vaheesan,
op. cit., p.255）。通信では，AT&Tとベライゾンが市場をほぼ独占
する。AT&Tは，2010年に新規利用者に対し，データキャップ制，
および段階的料金制を導入する。利用料の値上げである。ベライ
ゾンも続いて段階的料金制を導入する（Ibid., p.257）。

　ケーブル放送では，コムキャストとタイム・ワーナーがブロー
ドバンド市場の3分の2以上をシェアし，61％のアメリカ国民は
他社のサービス選択肢をもたない。その下でデータキャップ制が

導入され，また利用料金の引き上げが行われた（Ibid., p.259）。航空業界，民営化された発電部門においても，市場集中の後，航空料金，電気の卸売価格が引き上げられた。

　市場集中の結果，企業の市場支配力が高まり，マークアップ率が引き上げられるという構図は，アメリカ市場固有の問題ではなく，あくまで市場構造に関わる問題である。わが国では，消費税率が 2019 年 10 月以降，8 ％から 10％に引き上げられるのに先立ち，政府自らが「経営判断に基づく自由な価格設定」を認める旨のガイドラインを公表する（2018 年 11 月）。その後，日本乳業協会，日本アイスクリーム協会，日本即席食品工業協会，全国清涼飲水連合会，日本冷凍食品協会，これら業界団体に属する大手企業は値上げを公表する。その際，各企業は所属する団体ごとに値上げ幅，値上げ実施日を横並びでそろえる[25]。業界団体のカルテル機能の発揮なくして，こうした足並みをそろえることは不可能である。

　独占資本としての大手金融機関もまた国民から巨額の所得を独占レントとして吸い上げる。金融サービスに対するオーバーチャージである。ウォール界を取りまく金融問題を分析し政策提言活動を行う非営利の民間組織である Better Market は，アメリカ大手 6 行が 1998 年から 2020 年にかけて犯した主要な不正行為 400 事例を取り上げ，その行為に対する罰金，訴訟解決金額を犯罪歴（RAP シート）として公表する[26]。

　これら法的措置が取られた 400 件の不正行為に対する制裁金，解決金は計 1950 億ドル（約 21 兆円）を上回る。バンク・オブ・アメリカ，シティグループ，ゴールドマンサックス，JP モルガン・チェース，モルガンスタンレー，ウェルファーゴの大手 6 行が行った不正行為のうち消費者，退職者に関わる事例を挙げれば，(1)リーマンショックにつながる住宅バブル形成期にリスク開示を行

うことなく不動産担保証券（RABS）を販売した行為, (2) 住宅購入の保険料に対するオーバーチャージ, (3) カード発行の際に付加サービスを詐欺的に組み合せて利用料を吊り上げる行為, (4) 利益相反を隠してのファンド投資勧誘, (5) 不適切な投資アドバイスによるリスク資産の販売, (6) 当座貸し越しに対するオーバーチャージ, (7) 顧客口座の詐欺的開設による料金徴集（ウェルファーゴが15年間続けた不正行為）等, 多岐にわたる。

　大手金融機関による独占レント徴集は, これら法的措置の対象となった行為に留まらない。新自由主義政策の下, 公的年金が抑制され, 年金制度の民営化・自己責任化が進められる。その結果, 個人年金, しかも確定拠出型年金の比重が高まる。わが国のニーサ, イデコも同じ流れである。年金制度の民営化は, 金融機関にとっては, 年金資金の管理・運用に伴う新たな手数料収入機会を意味する。この手数料は, 公的年金に比べ割高となる。民間金融機関によ管理・運用においても, インデックスファンドと積極運用型ファンドとでは手数料に2.21％の差がある[27]。しかも, 代表的な積極運用型ファンドであるヘッジファンド投資は, 必ずしも一般的な市場利回りを上回る実績を残すわけではない。上回る場合であっても, 住々にして市場利回りを上回る部分はファンドの運用手数料で吸収され, 結果的に顧客の利益につながらない[28]。

　オーストラリアでは, 預金, 融資, クレジットカード市場で75％以上のシェアをもつ大手4行が, 顧客の利益にならない金融商品の販売, 法外な手数料請求, 競争制限行為を働いていたことが発覚する（「競争委員会報告」2018年8月3日）。この独占的地位を利用した不正行為はオーストラリア議会でも追究され, その後銀行倫理規定の改定を見る[29]。

　EUにおいて, 欧州委員会はビザ, マスターカードがその独占的

地位を利用してカード手数料を過大に引き上げ，競争法に違反したとの結論を下す（2007 年）。その後，ビザはテスコとの裁判で 12 億ポンドの支払いに応じ，他方マスターカードは集団訴訟を受ける[30]。

　アメリカでも，バイデン政権の下，司法当局は，ビザとマスターカードに対し，反トラスト法違反の調査を開始する（『日本経済新聞』2021 年 4 月 2 日）。

（2）貧困ビジネス

　大手金融機関によるオーバーチャージ行為で見逃せないのは貧困ビジネスである。わが国ではサラ金ローンがその典型である。今日では年 20％の上限金利が導入されたが，かつては 20％を上回る高金利によって生活困窮者を破綻に追い込み，自殺，家族離散の悲劇を生み出してきた。このサラ金業者に融資として資金を提供し，自らも収益を上げていたのが大手金融機関である。フラット 35 を悪用したスルガ銀行によるマンション投資向け融資もまた低所得サラリーマンを犠牲にした貧困ビジネスと言える。

　アメリカでは，日本のサラ金に当たる消費者金融（ペイデイローン）規制が十分ではない。金利は時として 400％，500％を上回る。州によっては，ペイデイローンを禁止するが，そこでもインターネット金融という抜け道を残す[31]。リーマンショック以降，自動車担保ローンが広がるが，その平均金利は 18.6％，ケースによっては 20％を上回る[32]。

　投資家 W. バフェットは，経営する投資会社の傘下企業クレイトン・ホームズを介して移動式簡易住宅（モバイル・ホーム）販売を行う。顧客の返済能力を超えた価格物件の販売，および 12.5 ％の高利融資で利用者をローン返済地獄に落し入れ，生活破綻，

破産に追い込む。消費者ローンと同じ手口である[33]。今一つの貧困ビジネスは，国の教育政策によって広がる奨学金ローンである。日米を問わず，多くの学生が長期間のローン返済を背負う。授業料の値上げにより負債額がふくらむ一方，若者の非正規雇用化により低所得層が増加し，その結果わが国では返済困難による自己破産が毎年3000人を超える（『朝日新聞』2018年2月12日）。

（3）カルテル

　独占的市場構造はカルテルの温床であり，独占資本はしばしばカルテルによって価格吊り上げを図る。実際，カルテルによってどの程度の価格吊り上げが行われてきたのか。アメリカの反トラスト法違反訴訟（2000〜2009年）を調査したコナーとランデによれば，判決で示された吊り上げの中央値は22%，平均値は31%であった[34]。

　欧州では，欧州委員会がトラック製造のメーカー5社（MAN,ボルボ／ルノー，ダイムラー，イヴェコ,DAF）がカルテルを結び，排ガス削減技術の費用を14年間にわたり価格に上乗せしていたとして29億ユーロの制裁金を課す（2016年）。メーカー5社は，カルテルの事実を認め，課徴金10%の減額を受ける。その後,『デア・シュピーゲル』誌（2017年7月）のスクープを受け，欧州委員会は2018年9月，BMW，ダイムラー，フォルクスワーゲン，アウディ，ポルシェに対するカルテル調査を開始する。嫌疑は，環境対応装置を組み入れたガソリン及びディーゼル車の製品投入を互いに競わず，対応車の発販を遅らせる旨の合意を5社が結んでいたとするものである[35]。これら一連の自動車メーカーによるカルテルは，直接消費者にオーバーチャージを課すものではないが，集中が進み企業が数社になれば，カルテルが容易となることを示

す。

　市場集中が進む金融もしかりである。欧州を舞台にした，バークレイ，シティグループ，ロイヤルバンク・オブ・イングランド，三菱 UFJ によるライボ，ユーロライボ（銀行間無担保資金融通レート）をめぐるカルテルが 2013 年に発覚し，欧州競争監視委員会は，5 年間の調査の上，4 行に対し 10 億ユーロの制裁金を課す（2019 年）。この採決とは別に，ライボカルテル発覚以降，これまで世界において基準通貨金利の不正操作に関わったとして 12 行以上の金融機関に対し，120 億ドル（約 1.3 兆円）の制裁金が課された[36]。各金融機関は，この銀行間融資の金利（ライボ）を基準にそれに金利を上乗してクレジットカード，住宅ローン，企業向け貸し出金利を決定する。それゆえ，カルテルによる基準金利の吊り上げは，そのまま金融サービスに対するオーバーチャージとなり，独占レント徴集となる。

第 4 節　特許と独占レント

　独占的市場構造の合法化を図る，新自由主義政策の第 3 の柱は，著作権，特許権等の知的財産権の保護強化であった。独占資本は近年，知的財産権の行使による利益拡大戦略を重視する。そのため，独占資本は特許権を獲得する手段として積極的に M&A を利用する。

　TPP 交渉において最後まで交渉が難航したテーマが医薬品，医療機器の特許保護の拡充，強化であった（第 2 章注 32 参照）。医薬品特許による独占レントの大きさは，特許期間終了後のジェネリック医薬品価格と特許適用期間中の医薬品価格との差によって推計することができる。C 型肝炎治療薬ソホスブビルのアメリカ

での小売価格は，インド等でのジェネリック価格の 153 倍，HIV 抑制剤エファビレンツ／TDF／FTC は 312 倍，がん治療薬イマチニブは 135 倍である。先進国における医薬品の価格は，コストに対するマークアップ率が時として 1000 倍を超える[37]。コロナ対応ワクチンについてもファイザー社は，推定コスト 1 回分 1.18 ユーロのところ，EU との初期の契約価格 18.2 ユーロから 22.86 ユーロへ吊り上げを図る（Peigne, M. "EU Unable to Cap COVID-19 Vaccine Prices in Secret Deals," Investigatve Europa, September 23, 2021）。

　公的薬価制度が存在せず，企業が自由に価格を決めることができるアメリカでは，処方薬の年間売り上げは 4400 億ドル（2018 年），GDP の 2.2％を占める。D. ベーカーは，特許による市場独占がなければ，処方薬の売り上げは 800 億ドルに留まると推計する。売り上げの 80％が独占レントであり，額にして 3600 億ドル（約 4 兆円）となる。メーカーは，高額薬価は研究・開発費回収のためであると主張するが，実際の年間の開発費は 700 億ドルであり，独占レントの 20％でしかない。つまり，売り上げの 66％は純粋の独占レントとなる。アメリカ政府は，国民医療研究所を介して医薬品開発に毎年 400 億ドル（4 兆 4000 億円）を支出しており，その研究成果を民間企業が自由に利用できることを考慮すれば，GDP の 1.5％を占める独占レントはあまりにも巨額である[38]。大手製薬メーカーは，研究・開発費を上回る額を配当，自社株買い，そして新たな独占レントの種を得るため開発力ある企業に対する M&A 投資に支出する[39]。

　公的薬価制度を採用するわが国にあっては，特許医薬品の薬価もその制度の下に置かれ，ジェネリック薬は，先発薬の 7 割を目安とされる。2016 年以降は，バイオ後発品以外は 6 割を目安とさ

れて決定される[40]。先発品の薬価は，特許を保有する企業の国での薬価を参考にして決定されるため，特許医薬品とジェネリック医薬品との価格差が数百倍に及ぶことを考えれば，6割，7割評価のこのジェネリック医薬品価格においても独占レントが保証されていると推測される。

第5章　捕らわれの国家と独占レント

はじめに

　独占資本は，労働者と雇用関係を取り結び，また中小企業，自営業者，消費者と商品・サービスの売買関係に入る。これら雇用契約，売買取引において，経済的かつ政治的権力を持つ独占資本は，優位に立ち，通常の利益を上回る独占レントを実現する。付加価値分配をめぐる独占資本への所得シフトである。

　しかし，独占レント形成の場は，これらの市場取引に留まらない。政府活動は独占資本にとって重要な独占レントの第3の源泉の場となる。政府は，税金の徴集，その支出，および民営化等の政策決定を通して，世帯間のみならず，労働と資本の間の所得分配に大きく関わる。独占資本は政官財癒着，つまり独占資本による国家支配の下，税制，歳出，民活政策を介して独占レントを実現する。

　以下，本章では，税制，歳出，民営化・民活政策を介した独占レントの形成メカニズムを明らかにする。言い換えれば，政官財癒着によって国家の機能が歪められ，国家が独占レント創出機関と化している実態を明らかにする。

第1節　独占資本による租税回避

　租税の基本原則は，支払能力に応じた税負担，納税である。この原則は，新自由主義政策の下，世帯間のみならず，勤労世帯と独占資本の間で著しく歪められてきた。

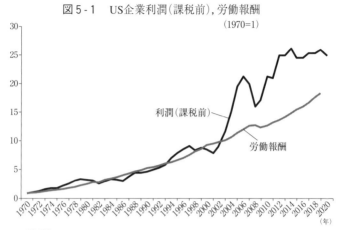

図5-1　US企業利潤（課税前），労働報酬

（1970=1）

（資料）https://fred.stlouisfed.org/series/LABSHPUSA156NRUG
https://fred.stlouisfed.org/series/A053RC1Q027SBEA

（1）分配と課税の乖離

　一方で，支払能力の根拠となる所得分配を見た場合，すでに第
3章で確認したように，1970年代降，労働分配率は多くの国で
低下する（図3-1，図3-2）。逆に，資本分配率は上昇する。図5-1
は，アメリカについて利潤（課税前）と労働報酬について，1970
年を基準としてその後の推移を見たものである。見られるように，
1990年代に入ると利潤の増加率が労働報酬の増加率を大きく上回
る。国民所得分配における労働から資本へのシフトが拡大する。

　図5-2は，日本について，いざなみ景気の始まる前年の2001年
を基準として，その後の経常利益と労働報酬（従業員給与，従業
員償与，福利厚生費）の推移を見たものである。わが国の労働報
酬（名目）は，アメリカおよび他の先進諸国と異なり，増加する
ことなくフラットに推移する。一方，経常利益は，リーマンショ
ックによる落ち込みを除き，大きく増加する。労働者側への所得
増加の恩恵を欠いたまま，経常利益が拡大し，所得分配は労働か

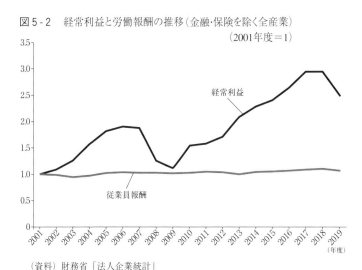

図 5 - 2　経常利益と労働報酬の推移（金融・保険を除く全産業）

（2001年度＝1）

（資料）財務省「法人企業統計」

図 5 - 3　企業 vs 家計の税負担構成推移（対一般政府収入）

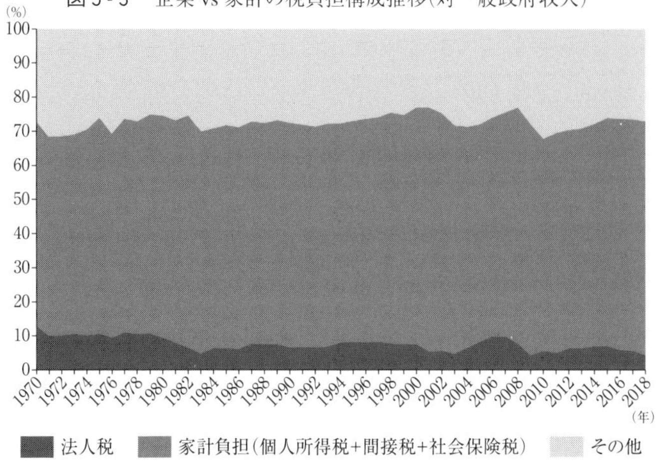

■ 法人税　　■ 家計負担（個人所得税＋間接税＋社会保険税）　　□ その他

（資料）*Economic Report of the President,* January, 2021, Table47, Table49, Table50.

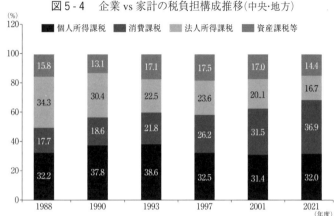

図5-4　企業 vs 家計の税負担構成推移(中央・地方)

（注）1. 平成23年度までは決算額，令和3年度については，国税は予算額，
　　　　地方税は見込額による。
　　　2. 所得課税には資産性所得に対する課税を含む。
（資料）財務省「税収に関する資料」

ら資本にシフトする。

　しかし，こうした労働サイドから資本サイドへの所得分配シフ
トにもかかわらず，租税負担は，この支払能力シフトとは逆に，
資本サイドから勤労世帯にシフトする。

　図5-3は，アメリカについて一般政府の税収入に占める法人課
税，家計負担（個人所得税，間接税，社会保険税），およびその他
税収の割合の変化を追ったものである。家計負担比率は，1970年
代の60％前後から2000年代には60％台後半へと上昇する。他方，
法人課税の比率は1970年代の10％前後から2000年代には5％前
後へと半減する。

　わが国においても，労働から資本へ所得分配がシフトする下で，
租税負担はそれとは逆に資本から労働・家計に，しかもより大き
くシフトする。図5-4は，一般政府の税負担構成の変化を1988年
度から2021年度（見込み）について見たものである。家計負担（個

人所得税，消費課税）の割合が 1988 年度の 49.9％から 2001 年度
62.9％，さらに 2021 年度 68.9％へと，約 20％上昇する。他方，法
人所得課税（法人税，法人事業税，法人住民税）の割合は，1988
年度の 49.9％から 2001 年度 20.1％，2021 年度 16.7％と 30％以上，
大幅に低下する。

（2）独占資本の租税回避

　このように，労働から資本へ，支払能力がシフトする下で，租
税負担は法人から家計にシフトする。企業による租税回避である。
わが国では，1989 年度の消費税導入とその後の税率 3 ％から 10％
への引き上げにより，家計の租税負担が引き上げられる一方で，
法人税の軽減措置が拡大されてきた。企業の租税回避は，新自由
主義政策により，日米に限らず世界に広がる。この租税回避の中
心に位置するのが独占資本である。独占資本は租税回避によって，
本来所得に応じて支払うべき租税を回避し，独占レントに転化す
る。

　アメリカでは，トランプ減税（2017 年 12 月）前の法人税率（連
邦）は 35％であった。しかし，フォーチュン 500 社の実効税率は
平均 14.0％であった[1]。しかも，その 500 社中 60 社は，税引き前
利益が 790 億ドルであったにもかかわらず連邦税を一銭も支払わ
ず，それどころか税還付を受ける[2]。

　わが国でも大手企業の実効税率は法定税率を大きく下回る。図
5-5 は，2018 年度分について，資本金規模別の法人税の実質負担
率を示したものである。2018 年度の法定法人税率は 23.2％である
が，実質負担率は，資本金 1 億超〜 5 億円以下の規模企業の 21.0
％をピークに，資本金規模が大きい程，負担率を低下させる。資
本金 100 億円超の大手企業の負担率は 14.4％であり，中小法人を

108

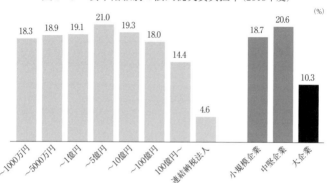

図5-5　資本階級別の法人税実質負担率（2018年度）

（%）

18.3　18.9　19.1　21.0　19.3　18.0　14.4　4.6　　18.7　20.6　10.3

~1000万円　~5000万円　~1億円　~5億円　~10億円　~100億円　100億円~　連結納税法人　　小規模企業　中堅企業　大企業

（注）1. 法人税実質負担率＝実際の法人税額／本来所得額。
　　　本来所得額＝申告所得額＋受取配当益金不算入額等＋引当金等増加額
　　　＋特別償却額＋連結納税による相殺所得。
　　　2. 小規模企業は資本金1億円以下，中堅企業は1億円超10億円以下，大企
　　　業は資本金10億円超＋連結納税法人。
（資料）国税庁「税務統計から見た法人企業の実態」，財務省「租税特別措置
　　　の適用実態調査」（いずれも2017年度）などにより推計。
（出所）全労連・労働総研編『2021年国民春闘白書』学習の友社，85ページ。

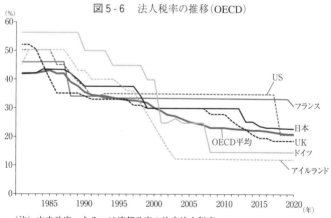

図5-6　法人税率の推移（OECD）

（%）

US　フランス　日本　OECD平均　UK　ドイツ　アイルランド

1985　1990　1995　2000　2005　2010　2015　2020（年）

（注）中央政府，あるいは連邦政府の法定法人税率。
（資料）OECD
（出所）Tomas, L. " The Four-Decade Decline in Global Corporate
　　　Tax Rates," Reuters, April 29, 2021.

下回る。独占資本を中心とする連結納税法人となると負担率は 4.6 ％でしかない。

　独占資本による租税回避の第 1 の原因は，法人税率の引き下げである。1980 年代後半以降，各国は競って法人税率を引き下げてきた（図 5-6）。日本も例外ではなく，法人税率は 1987 年に 43.3 ％から 42.0 ％へ引き下げられ，その後も繰り返し引き下げられ，2018 年には 23.2 ％に引き下げられる。日本では中小企業の 7 割は税法上赤字であり，法人税負担を負わない。法人税率の引き下げは，大手企業にとって大きな節税効果となる。

　しかも，すでに指摘したように，大手企業の実質負担率は法定税率を大きく下回る。独占資本に対する優遇措置の適用であり，これが租税回避の第 2 の原因をなす。

　アメリカでは，海外子会社の利益は，アメリカに送金されるまでの間，課税は猶予される。これは多国籍企業に認められた特権であり，多国籍企業は子会社の利益を国内に移すことなく海外での再投資に回す。さらに，加速度償却，特定産業に対する減税措置（石油・天然ガス開発減税，研究開発投資減税），ストックオプション関連経費の利益控除，これらの措置はいずれも独占資本にとっての合法的な租税回避手段となる[3]。

　日本においても，独占資本に対しては様々な優遇措置が適用される。1 つは，受取り配当金の益金不算入である。今日，大手企業は内部留保の約 7 割を有価証券として保有する。投資目的による有価証券保有の拡大である。その保有に伴う受取り配当について，国内法人によるものにつては，保有株式割合に応じて，持株比率 5 ％以下の場合，配当金の 20 ％が，持株比率 5 ％超から 1/3 以下の場合，配当金の 50 ％が，そして持株比率 1/3 超の場合，配当収益の 100 ％が益金不算入とみなされ，課税対象外となる。海

外子会社からの受取り配当金については，その95％が益金不算入として認められる。富岡幸雄の試算[4]によれば，受取り配当益金不算入（国内）の91％は資本金10億超の大手企業の受取り配当金であり，また外国子会社の配当益金不算入の95％は資本金10億円以上の大手企業の受取り配当金である。

　受取り配当益金不算入に続く今一つの優遇措置が租税特別措置による税額控除である。この措置による税額控除の82.3％は資本金10億以上の大手企業が利用する（以上，2012年度分）。最も大きな税額控除は，研究開発投資減税であり，これについても控除の約9割を資本金10億円以上の大手企業が利用する。個別企業では，減税額トップはトヨタ自動車であり，2014年度は1084億円の研究開発投資減税を受ける。

　独占資本による租税回避の第3は，税率がゼロかきわめて低いタックスヘイブン（租税回避地）への利益移転である。先に，アメリカのフォーチュン500社のうち60社は利益計上するも連邦税を払わず税還付を受け取ると述べたが，フォーチュン500社の73％を超える企業が多国籍企業として，タックスヘイブンに少なくても9755の子会社を置く[5]。また，IMFによれば，海外直接投資18兆ドルのうち40％は，法人税率3％あるいはそれ以下のタックスヘイブンに集中する[6]。

　多国籍企業は，国際会計事務所，企業法律事務所，大手金融機関のサポートを受けて，各国の税制の違いを巧みに利用して利益をタックスヘイブンに移し，租税を回避する[7]。ズックマンは，タックスヘイブン国のマクロデータを用いて，多国籍企業によるタックスヘイブンへの利益転移は収益の40％に登ると推計する[8]。

　個別企業で見れば，アップルは利益の2/3を租税負担がほぼゼロに等しいアイルランドに移す。アマゾンは，ヨーロッパでのビ

ジネス利益をルクセンブルグに移し，課税を免れる[9]。またナイ
キは，ヨーロッパビジネスの利益をオランダに移し，課税を免れ
る[10]。

　世界 26 ヶ国に本社を構え，100 ヶ国以上でビジネスを展開する
多国籍企業 4000 社について，OECD が行った国別調査（county by
country reporting data，2020 年公表）を用いて「税と開発のための
国際センター」（ICTD）が行った推計によれば，多国籍企業は利
益を得た地域から，1 兆ドル（約 110 兆円）をタックスヘイブン
に移し，2000 億〜 3000 億ドルの租税負担を回避する[11]。また，同
じ OECD 調査を用いて，タックスジャスティス・ネットワーク
（TJN）は，多国籍企業による租税回避を 2450 億ドルと推計する
[12]。回避額は，政府にとっては税収減となるが，多国籍企業にと
っては独占レントとなる。なお，タックスヘイブンの利用は多国
籍企業に限られず，富裕層も資産隠しに積極的に利用する。そう
した富裕層による租税回避額を先の TJN は 1820 億ドルと推計す
る。

　日本の多国籍企業もまたタックスヘイブンに直接投資を行い，
子会社を設立する。アジア地域ではシンガポール，中南米地域で
はケイマン諸島，西ヨーロッパ地域ではオランダ・ルクセンブル
グに，それぞれ各地域の直接投資の 18.0％，33.5％，33.1％を集中
させる（2020 年末，ジェトロ）。

　わが国では海外子会社を利用した租税回避に対する対応策とし
て，海外子会社所得を親会社の所得と合算して課税する制度を導
入する。しかし，対象となるのは，日本の本社からの出資割合が
50％超，かつ現地の法人税率が 20％未満という条件を満たす「特
定外国子会社」である。しかも具体的企業活動の実態がないペー
パーカンパニーに限られる。2014 年時点で親企業 1712 社が保有

する特定外国子会社は4095社である。これ以外の外国子会社（出資比率50%以下，あるいは現地の法人税率20%以上）は合算課税の対象外となる[13]。しかも，合算課税の対象となるペーパーカンパニーの実質的所有者の特定は税務当局にとって容易ではない[14]。

OECD諸国を含む世界130ヶ国は，デジタルサービス化に伴う租税回避に対応すべく，2023年の実施を目指し，新たな課税ルール導入について最終合意に至る（2021年10月8日）。合意は2本柱モデルと呼ばれ，第1の柱は，売上高200億ユーロ（約2.6兆円）を超える多国籍企業に対するもので，売り上げ利益率10%を超える部分に対する25%の課税とその各国への売り上げに応じた配分である。第2の柱は税率15%での最低税率の導入である。進出国の法人税率がこの最低税率を下回る場合，その差額分を親会社所在国が徴集することになる。

第1の柱は，課税対象が総利潤ではなく超過利益部分とする残余アプローチを採用する。しかし，税率がなぜ25%なのか，その根拠が明らかではない。また，各国の1980年代前半の法人税率（図5-6）を考えれば，第2の柱をなす最低税率15%は低すぎる。そもそも，多国籍企業に対してその支払い能力に応じた租税負担を求めるためには，税率の問題以前に，多国籍企業の各国ごとの営業活動データを当局間で自動交換し，そのデータを公表することが求められる[15]。

第2節　財政歳出と独占レント

政官財の癒着構造において，税制に続き歳出もまた独占レントの源泉となる。財政支出を介した税の独占レントへの転化である。

（1）軍事支出

　アメリカでは，連邦予算の最大の支出項目が国防費であり，かつて 1950 年代の初頭，国防予算は連邦予算の 60％を超えた。今日でも，国防予算は連邦予算の 15.4％を占め，復員軍人給付を含めれば，19.9％を占め，社会保障予算を上回る（『アメリカ大統領白書』2021 年版）。

　その国防予算の約半分は軍事企業に支出される。巨大な兵器市場において，兵器生産企業は非軍事企業を上回る利潤率を実現し，独占レントを獲得する。王（Wang, C.）は，アメリカ政府との軍事契約受注高が上位 500 社に入る 112 社と，他方資産，売り上げで同規模の非軍事企業について，1950 年から 2010 年にわたる資産収益率，および売上げ利益率について比較する。それによると，いずれの利益率とも前者の軍事企業が上回る[16]。しかも，この軍事企業の収益性の優位は，1992 年以降一層高まる。王は，その理由としてクリントン政権による軍事企業の整理，統合の結果，軍事企業の市場集中度が高まったことを指摘する。契約価格は，軍事企業のコストをベースとして，発注者である国防省と企業との交渉によって決定される。売り手サイドの企業が市場集中度を高めれば，企業間の競争圧力は緩和され，企業サイドの交渉力がより優位となるからである。

　アメリカ国防省検査官による，航空部品の過大請求の有無に関する調査[17]（2019 年 2 月 25 日）によれば，コストデータ提出義務のない 75 万ドル以下の契約について，調査 47 部品のうち 46 部品において過大請求が認められた。最大請求の常態化である。その後も，契約方法の改善が図られることもなく，コストデータの提示を必要とされない契約額の上限が 75 万ドルから 200 万ドルに引き上げられた。

（2）公共事業

　日本において，アメリカの軍事予算に担当するのが公共事業である。主要先進国では，一般政府総固定資本投資の対GDP比が1％から3％の間で推移するのに対し，日本は1970年代末，そして日米構造協議後の1990年代中頃には対GDP比6％を超える巨額の公共投資を実施してきた。1990年代後半以降その比率を下げるものの，なおアメリカの軍事予算と並ぶ対GDP比3％の水準を維持する。

　大型公共事業をめぐる大手ゼネコンによる談合，受注価格吊り上げは古くて新しい問題である。福島原発事故に伴う除染作業においてズサンな予算支出の実態が改めて明らかにされた。除染特別地域に指定された飯舘村から楢葉町にかけての11市町村については，国の直轄除染工事とされ，1.6兆円超の予算が組まれた。10億円以上の直轄工事受注データによれば，契約は大半が随意契約，あるいは競争入札であっても1社入札で行われ，自治体ごとに大手ゼネコン，中堅ゼネコンを幹事とするジョイント・ベンチャー（JV）が「すみ分け」る形で受注する。しかも，各自治体での平均落札率は，95％から97％とほぼ予定価格で契約が成立した。行政を巻き込んだゼネコン談合のなせるワザである。予定事業費，入札価格の積算を行う環境省の福島環境再生事務所は，その積算を臨時採用のゼネコン出身者の協力を得て行った。受注サイドが契約価格を決めたに等しい。しかも，契約後も契約金額が更新され，最終的に事業費は1.2倍から2.4倍に吊り上げられた[18]。

　ゼネコンの役割は受注までであり，ゼネコンは契約価格から自社の利益分を中抜きした上で，実際の除染作業を下請企業にまわした。ゼネコンは，契約金額を談合（すみわけ受注）によって吊り上げた上で中抜きを行い，独占レントを獲得したのである。そ

の後，元受けとなったジョイント・ベンチャーの所長に対し，下請企業企業から発注の見返りとして2億円の提供があったという事実が発覚する[19]。これは独占レントの一部が下請企業を介して個人的賄賂に回ったことを意味する。

　3兆円の財政投融資資金が投入されるリニア新幹線工事においても，すでに品川駅と名古屋駅の工事をめぐり，見積額や入札価格情報を連絡し合っていたとして大手ゼネコン4社（大林組，清水建設，鹿島，大成建設）が独占禁止法違反の容疑で起訴され，大林組と清水建設については罰金刑が確定する（2018年12月）。鹿島と大成建設も地裁判決で有罪となる[20]（2021年3月1日）。ゼネコン4社は，受注希望区の「星取表」（割り振り表）を予め用意し，工区を内々で分け合うことによって受注競争を排除し，その上で見積情報を連絡し合い受注価格の吊り上げを図ったのである。

　事業費の75%を国費が占める東京外かく環状道路，中央ジャンクションの地中拡幅工事において，工事を4区間に分け，大手ゼネコン4社が受注を分け合ったとする談合疑惑が浮上し，工事は一時中断を余儀無くされた。工事の発注者はNEXCO東日本と中日本（共に国が100%出し，国土交通省が管轄する特殊法人）であり両特殊法人は，「一抜け方式」と呼ばれる契約方式を採用する。これは一区画で契約が成立すると当該契約企業は，残る区画の入札には参加できないとするものである。そもそもなぜ工区を4分割したのか，しかも談合を容易にする「一抜け方式」を採用したのか。特殊法人自身が談合を黙認していた可能性が指摘されている。工事は一時中断の後，談合調査を行うことなく，2018年9月に入札告示がなされ，契約後も設計変更，再契約により事業費は当初の1.8倍，2.4兆円に膨れ上がる[21]。

　談合による受注額の吊り上げと独占レント取得は自治体が行う

公共事業も例外ではない。東京都の豊洲新市場の建設において，建設を受注した大手ゼネコン 3 社，鹿島，清水建設，大成建設による談合，それを黙認した都の行政対応が指摘されている。談合疑惑は豊洲地区の土壌汚染対策工事に遡る。第 5 街区，第 6 街区，第 7 街区の汚染対策工事を巡り，大手ゼネコン 3 社による各 JV がそれぞれ分け合う談合を図っているとする告発が，日本共産党都議団に入札 1 ヶ月前に寄せられた。入札はこの告発通りに決定され，各街区に建設される上物施設もまた土壌汚染対策工事を担当した各ゼネコン JV が分け合う。しかも，青果棟，水産仲卸売場棟，水産卸売場棟，これら上物施設，およびそれぞれの付帯施設（廃棄物集積所）の入札は 1 社入札で行われ，予定価格の 99.96％から 99.88％で落札された。東京都は入札価格を事前に公表していたが，当初の入札には参加者が無く，再入札により入札価格は 2 倍以上に引き上げられた[22]。

　翻って，東京都の談合対応がなぜ甘いのか，そこには霞が関官僚と同様，都幹部職員の関係先企業への天下りの実態がある。

（3）払い下げ

　東京都は，東京オリンピック選手村の整備を名目に東京ドーム 2.9 個分の晴海の都有地を基準地価の 10 分の 1 以下の格安で大手不動産グループ 11 社に売却する契約を結ぶ（2016 年 12 月）。都が算定根拠としたのは，日本不動産研究所が提出した「調査報告書」である。しかし，不動産鑑定制度研究会はこの報告について，周辺地価調査との比較もなく，「故意か過失か，大変ずさん」と批判する。都の損失は 1200 億円，逆に三井不動産，住友不動産など 11 社は 1200 億円の独占レントを手にする。つまり，これら大手デベロッパーは，この超安値で入手した用地に，オリンピック後

に超高層の高級マンションを建設，販売し，この独占レントを実現することが可能となる[23]。

（4）コロナ対策

　歳出を介した税金の独占レントへの転化の場は，公共事業に限られない。政官財癒着が関わるあらゆる歳出プロセスにその機会が存在する。コロナウィルス感染の影響を受け収入が減少した中小企業，個人事業主に対する持続化給付金事業においても，ズサンな予算執行の実態が明らかとなった。経済産業省は，4兆円を超す持続化給付金予算の執行作業をサービスデザイン推進協議会に769億円で委託する。協議会は，役職員の多くを電通，パソナ，大日本印刷，トランスコスモス関係者が占める，ペーパーカンパニーにすぎない。協議会は，受託業務を電通へ，さらに電通は電通グループ企業に，そして電通グループ企業は，最終的にパソナ，トランスコスモス，大日本印刷などサービスデザイン推進協議会メンバー企業に621.7億円で業務委託する。同じメンバー企業の間で委託が繰り返される過程で，中抜きが行われ，その総額は当初の委託費769億と最終的委託費621.7億円の差額147.3億円となる。ペーパー上の再委託操作によって委託費の約20％が中抜きされ，電通，パソナ等の独占レントに化けたのである[24]。

　ちなみに，この中抜きによる税金の横取りは，天下り官僚の人件費念出の手段として日常的に使われている手法である。各省の管轄下にある特殊法人，財団の間で外注を繰り返すことで予算の中抜きを行い，人件費を念出するのである。政府と民間の共同出資による官民ファンドも官僚に高額報酬を保証する一種の中抜きである[25]。

（5）マイナンバー事業

　菅案件と言われるマイナンバーカード事業においても，富士通，日立製作所，NEC 等の政府検討委員会メンバーが事業予算の約 9 割を受注する。しかも，契約額は予定価格の 99.98％であり，官庁を巻き込んだ談合のなせるワザである[26]。

（6）もんじゅ

　談合によって得られる独占レントはそのすべてが独占企業の利益に収まるわけではない。その一部は天下り官僚に，また一部は政治献金として自民党の政治家にキックバックされる。その意味で財政絡みの談合は，政官財癒着がなせるワザといえる。この政官財癒着による談合の縮図が日本原子力研究開発機構であり，そこでの高速増殖炉「もんじゅ」開発である。

　高速増殖炉「もんじゅ」は 1 兆円以上の国の予算を費やしながら試験運転も行えないまま 2016 年に廃炉が決定された。世界各国が開発から撤退する中，なぜ 10 年の長期にわたり毎年多額の予算がつぎ込まれ続けたのか。そこには独立行政法人日本原子力研究開発機構を介した，行政（経済産業省，文部科学省），財（電力会社，ゼネコン，メーカー），政（自民党）の癒着がある。開発機構は，一方で，ゼネコン，メーカーに工事，機器を発注し，他方で予算を管轄する文科省，経産省の官僚に理事長，理事職を天下りポストとして提供する。ゼネコン，メーカーは，独占レントの一部を自民党にもキックバックする。「もんじゅ」廃炉決定後も高速増殖炉計画を断念することなく，2018 年には後継炉開発に向けた戦略ロードマップ案を作定し，2019 年に新たな原子炉開発を目的として「革新的な原子力技術開発支援事業」10 億円を予算計上する。独占レントとそのおこぼれのあくなき追求である。

第3節　民活政策と独占レント

　捕らわれの国家における，独占レントの第3の源泉は民活政策である。すなわち民営化であり，また地域共同体の保護規制の撤廃である。民営化により，公共サービス分野への独占資本の参入が可能となる。同様に，地域共同体の保護規制の撤廃による地域共同体の解体により，独占資本の地域経済への参入機会が広がる。

（1）民営化

　1970年代以降，世界各地でプラベート・ファイナンス・イニシアティブ（PFI）が広がる。PFIとは民間資金（企業）を活用した公共サービスの民営化である。当時も自治体は財源に余裕はなく，歳出の抑制，削減を迫られていた。こうした状況の打解策として打ち出されたのが民間活力の利用，PFI政策であった。

　他方，独占資本にとって，民営化は，それまで公的セクターが担っていた領域を独占するチャンスである。独占資本にとっては，PFI事業を受注すれば，一方でサービス価格・料金を吊り上げ，他方でサービスの質を保つ上で不可欠な専門職員を削減して人件費を圧縮し，また設備投資を抑制し，独占レントを容易に実現することが可能となる。実際，世界各地で行われた水道事業の民営化において，民営化後，自治体の思惑は外れ，水道料金の吊り上げと水質悪化がもたらされた。

　フランスでは，1970年代以降，水道事業の民営化が各自治体に広がり，2000年頃には上水道の70％，下水の55％が民営化された。市場は，大手のヴェオリア社，スエズ・エンバイロメント社，SAUP社，3社によって独占され，企業間競争も働かず，水道料

金が吊り上げられ，企業は高い利益率を実現してきた。パリ市では，1984年の民営化以降，30年間で水道料金は5倍近く吊り上げられ，そのためパリ市は2010年に水道事業を再公営化する。パリ市以外でも2000年代中頃から再公営化が広がる[27]。

イギリスでは，サッチャー政権が1989年に水道事業を民営化する。その後，料金は実質で40%以上値上げされ，水道企業は毎年約1兆4480億円の利益を上げてきた。にもかかわらず，水質汚染対策を怠り，下水の漏水対策もなおざりにしてきた。さらに，タックスヘイブンの利用，複雑な金融操作を駆使して納税を回避し，利益を役員の高額報酬と配当にまわしてきた。そのため近年，再公営化の議論が高まる[28]。

ドイツでは，1980年代に旧西ドイツ地域のいくつかの自治体で水道事業の民営化が開始され，1990年代には旧東ドイツ地域でもコンセッション方式，官民パートナーシップ型の民営化が行われた。1999年にはベルリン市の水道事業が民営化される。ベルリン市との契約では，市が企業に利潤保証を行う代わりに4年間の料金値上げが禁止された。にもかかわらず，2004年までに35%の料金値上げが行われ，企業は毎年7%（1999～2011年）の投資リターンを実現する。その上，企業は2009年以降，投資を削減する。こうした事態に対し，市民は再公営化運動を展開し，ベルリン市はこうした市民運動を受け，2028年までのPFI契約を途中解約する。しかしPFI契約の途中解約は市に大きな負担をもたらすことになった。ベルリン市は2012年，2013年にそれぞれ6.54億ユーロ，5.9億ユーロを支払い大手2社の株式を買い戻した。問題は，その買い戻し価格であり，ベルリン市は設備資産価格の2～3倍の支払いを強いられた[29]。

アメリカでも水道事業の民営化は他国と同じ経過を辿る。アメ

リカでは，水道事業は人口比率で公営が 87％，民間運営が 13％を
占める。トランプ政権は連邦予算を投じて民営化を推進したが，
自治体では公営のシェアが徐々に拡大する。それは，この間，公
営事業と民営事業のパフォーマンスの差の大きいことが明らかに
されたからである。人口規模で上位 500 の自治体の調査によれば，
民間企業が運営する水導料金は公営事業に比べ平均 59％高い。ニ
ューヨーク州およびイリノイ州では，民営サービスの料金は公営
サービスに比べて 2 倍であった[30]。しかも，ピッツバーグ市，フ
リント市では，水道事業の民営化に伴い，事業を受注したヴェオ
リア社が鉛汚染の深刻化を放置し，そのため事業は再公営化され
る[31]。

　日本では，1999 年に「民間資金等の活用による公共施設等の整
備等の促進に関する法律」（PFI 法）が制定され，その後，自治体
の医療センター，図書館等の文教施設，空港などで民営化が実施
されてきた。2011 年 6 月には PFI 法が改正され，設備の所有権を
公共機関に残したまま運営を企業に委託するコンセッション方式
が導入される。安倍政権は，2013 年空港，道路，水道（上下水道）
をコンセッション方式による民営化の対象分野とする。さらに水
道事業の民営化を推進すべく，2018 年に水道法を改正し，水道事
業の認可権を自治体に残したまま，コンセッション方式による民
営化を可能とした[32]。

　安倍内閣による水道事業の民営化政策は，諸外国がすでに経験
したことを繰り返すことになる。第 1 は水質問題である。水道法
に基づく省令は水銀等 51 項目の水質基準を定め，110 種類余りの
農薬に関する水質管理目標を設定する。こうした水質管理は当然
コストがかかる[33]。利益を優先する企業がこうしたコストを受け
入れる保証はない。一旦，水道事業が民営化されれば，自治体が

抱えてきた専門技術者は補充されず，民間事業に対するチェック機能も失われる。第2は，水道料金問題である。民営化により，水道料金は，これまでの設備の維持・管理，運営費に加え，受託企業の役員報酬，利益，出資者への配当支払いをカバーすることが求められる。契約期間が20〜30年と長期となれば，自治体が経費を予測することは困難であり[34]，逆に，企業には料金設定の自由度が生まれる。

そもそも2018年の水道法の改正は，大手企業の提案に基づくものであった。改正案は，ヴェオリア社の社員も加わり，自民党水道事業促進議員連盟，日本水道工業団体連合（クボタ，水ing等），厚労省水道課，これら業界絡みの3者による共同作業によって作られた[35]。浜松市ではすでに下水道事業で，ヴェオリア社，竹中平蔵が社外取締役を務めるオリックスなどが出資する「浜松ウォーターシンフォニー」がコンセッション方式による運営権を得ている。2018年法改正を受け，ヴェオリア，オリックスグループは上水道での民営化事業受注に向け自治体に働きかけを行う。宮城県（村井知事）は，全国で初めてコンセッション方式による上水道事業の民営化方針を議決する（2019年12月）。その後，ヴェオリア傘下のヴェオリア・ジェネッツ，オリックス，メタウォーター（東京），東急建設など10社からなる合同企業に，上下水道，工業用水の20年間の運営権売却を議決する（2021年7月）。

近年，わが国に限らずヨーロッパにおいて老人介護サービスの民営化が進む。スペインでは81％，イギリス71％，ドイツ43％，フランス23.9％，スウェーデン23％の老人介護施設を民間企業が運営する。企業運営の介護施設では，コスト削減のため介護スタッフ人数が抑制され，十分な介護サービスが提供されず，床ズレ，尿漏れの放置，不適切な医療対応が多発する。

一方，運営企業は，毎年政府補助金2200億ユーロ，入居者の支払い650億ユーロを確保し，安定した利益を実現する。最大手のオーピア社は，2015年以降6年間で株価を3倍化する。この成長ビジネスに民間投資ファンドが参入し，すでに30の民間投資ファンドがヨーロッパで2834の介護施設を所有する。これら投資ファンドはタックスヘイブンに利益を移し課税を免れる[36]。介護サービスの民営化をビジネスチャンスとして介護施設運営大手企業，投資ファンドは，財政資金，介護サービス労働者の報酬を独占レントとして吸い上げる。

人々の生活にとって欠かすことのできない基本的サービスは，公共サービスとして市民すべてに提供されるべきものであるが，そうしたサービスが一旦民営化され，企業が市場を独占すれば，企業は価格吊り上げによって容易に独占レントを得ることが可能となる。

公的医療サービス制度を持たないアメリカでは，医療費（政府支出，強制保険，患者負担）の対GDP比は16.96％であり，この比率は公的医療サービス制度を持つEU27ヶ国8.26％の2倍を超える[37]。この差は，アメリカの巨大製薬企業，民間病院，保険会社の取得する独占レントが，いかに巨額であるかを示している。

（2）地域共同体の解体

公共サービスの民営化と並ぶ，もう一つの民活が地域資源の企業への払い下げ，地域共同体の解体である。日本では，地域経済の担い手である，農業者，酪農家，森林経営者，漁業者，地元小売店，これら自営業者による共同体を守る上で，その保護を目的とする規制・ルールが重要な役割を果してきた。しかし，民間企業の参入によって，これらの産業，地域経済が活生化されるとし

て（規制改革推進会議），安倍政権は，これまでの地域共同体の保護規制を次々と廃止し，大手企業の参入に道を開いてきた。独占資本にとっては新たな独占レント形成の場が与えられたことを意味する。地域共同体解体の第1は，農業共同体の解体である。安倍政権は，農業委員の公選制を廃止し，また農業生産法人の役員構成ルールの改定を行い（2015年），企業の参入機会の拡大を図る一方，企業参入に対する最大の障害となる農業協同組合（農協）の弱体化を図るべく農協の中央会体制を廃止し（2015年），また農業者保護の要となる種子法を廃止する（2018年）。

　わが国の農協は，農業者の互いの助け合いによって農家経営の安定化を図り，またガソリンスタンドなど農村の生活インフラを維持し，地域共同体を守ってきた。安倍政権は，この農業共同体組織に法的根拠を与えてきた農協法を改正する[38]。目的は，農協の中央組織体制の解体と農協の株式会社化である。

　農協組織は，地域農協を基本単位として，それをサポートする都道府県中央会，さらにその上部組織の全国中央会というピラミッドを形成する。中央会は，各地域農協に対する監査を行い，事業運営の検証，財務の健全性を確認し，必要なサポート，指導を行ってきた。この中央会指導により，これまで地域農協は経営破綻を免れてきた。法改正により，農協中央会は特別認可法人から一般社団法人に変更された。これに伴い中央会による地域農協監査制度が廃止され，地域農協は公認会計士監査を受けることとされた。地域農協は，中央会による，監査を踏まえた営農サポートを失い，しかも会計事務所への新たな支出を迫られる。また，中央会は，これまで重要農産品の需要調整を担ってきたが，法改正によりこの機能は違法となる。

　農協解体のもう一つの措置が，全農（共同購入・販売の全国組織）

の株式会社化を可能としたことである。全農が株式会社に組織変
更すれば，アグリビジネスは全農を買収（M&A）することが可能
となる。また，改正法は，全農を通さない形での資材調達，生産
物販売の機会を拡大するための施策を国に義務付けた。

　今日，農業生産の上流（農業資材），下流（物流，加工，小売）
では多国籍アグリビジネスが市場の過半を握る。農業者はこれら
独占企業に対する価格交渉力を持たない。アグリビジネスによる
サプライチェーンに組み込まれたアメリカ農家の窮状がそのこと
を物語る。農協による，個別農家の組織化，さらに全国組織化に
よって初めて農業者はアグリビジネスによる市場支配に対抗する
ことが可能となる。中央組織体制の解体は，この農協の価格交渉
力を弱体化し，さらに全農の株式会社化によって全農がアグリビ
ジネスに吸収されることになれば，農村共同体所得のアグリビジ
ネスへの吸い上げが止められなくなる。

　独占資本の狙いは，農業生産所得に留まらない。日米金融資本は，
規制改革推進会議を足場として，農協が行う，農業関連事業と共済・
信用事業の分離を要求する。農協の共済・信用事業は黒字である
ため，大手金融資本はその事業の取り込みを狙ってのことである。
この共済・信用事業の黒字によって農協の農業連事業の赤字がカ
バーされており，仮に分離が行われれば，農協，従って地域共同
体の存立は困難となる。

　安倍政権は，農協中央組織の解体に続き，「主要穀物種子法」（種
子法）を廃止する[39]（2018年）。種子は，農業者が世代を超えて改
良し守ってきた共有財産であり，農家の自立経営の要である。種
子法は，稲，小麦，大麦，はだか麦，大豆の種子を公共財として
優良品種を生産し，その普及を図ることを目的とし，そのための
都道府県の役割と義務を規定したものである。これら主要穀物の

種子の農家への供給は，(1) 国・地方公共団体，あるいは民間企業による品種の開発，(2) 各都道府県がその開発品種を基に原原種，そして原原種から原種を生産，(3) その原種の提供を受けた採種農家が販売用の一般種子を生産する，という流れを辿る。各都道府県に課せられた役割は，奨励品種の選定，原原種，原種の生産，さらに採種農家の選定，採種農家のほ場，発芽，成育，出穂（しゅっすい），実った種子，これら一連の審査である。自治体に蓄積された経験と専門性に裏付けられた，これら一連の作業によって初めて優良な種を安価な形で農家に提供することができるのである。種子法廃止により，優良品を農家に提供する自治体の義務はなくなり，同時に国の予算措置も法的根拠を失う。

　では，これまで各都道府県に蓄積されてきた種子供給の知見はどうなるのか。その扱いを定めたのが，種子方法廃止の 2 ヵ月後に立法化された「農業競争力強化支援法」(2017 年) の第 8 条である。第 8 条は「種苗生産に関する知見の民間事業者への提供を促進すること」を「国の構ずべき施策」として義務付ける。国民の税金によって積み上げられてきた公共財産としての種子ノウハウの民間企業への払い下げである。

　すでに，世界最大の種子メーカーであるモンサントは茨城県に研究農場を所有し，「とみのめぐみ」（稲）を生産，また住友化学は「すずたから」，三井化学は「みつひかり」を育成する。都道府県の種子事業からの撤退，都道府県の持つノウハウの提供は，アグリビジネスによる日本の穀物種子の独占化に道を開く。

　種子法廃止に続き，2020 年に「種苗法」が改正され，登録品種の自家採取が禁止された。農業者，ひいては消費者のアグリビジネスへの隷属化のゴーサインである。

　地域共同体解体の第 2 は，「畜産経営の安定に関する法律」改正

（2017 年）である[40]。1960 年の安定法によって定められた指定団体制度は，地域の酪農経営を安定化させる上で重要な役割を担ってきた。指定団体（農協の連合会，広域連合会）が生乳（せいにゅう）の 90％以上を一元的に集荷し，複数のメーカーと用途別の価格交渉を行い，支払われた代金に補助金（加工原料乳生産者補給金他）を加え，団体運営経費を差し引き，これら合計収入を取引数量で除したプール乳価を算出し生産者に支払う。このプール乳価を前提とする一元集荷によって指定団体は大手乳業メーカーとの対等な価格交渉が可能となる。また，飲用向け生乳は季節による需要変動があるため，飲用向けと加工向けとの供給調整が求められる。この需給調整を行うのが指定団体であり，一元集荷によってその調節が可能となる。

　今まで，飲用向け乳価との価格差を埋めるために支給されてきた，加工原料乳生産者補給金は，指定団体への共販参加を条件としてきた。今回の改正は，この条件を撤廃する。指定団体への部分委託であっても補給金受給が可能となる。指定団体制度の解体である。今後，指定団体による集荷率が 90％台から低下するに従い，大手乳業メーカーに対する指定団体の価格交渉力は低下し，飲用向けと加工原料乳向けとの需給調整も困難となる。いずれにせよ，地域共同体の利益は減少し，経営の不安定化が増すことになる。

　イギリスでは，わが国の指定団体と同様一元集荷機能を担ってきたミルク・マーケティング・ボードを 1994 年に廃止する。その後，スーパー大手による価格支配力が高まり，また乳価が不安定化する。その結果，酪農経営は 2001 年から 2009 年の間に半減する[41]。わが国の酪農は，輸入飼料コストの上昇と乳製品の輸入自由化により，経営農家の減少に歯止めがかからない。指定団体制

度の解体により，酪農経営はさらに追い詰められることになる。

地域共同体解体の第3は，森林資源の民活，民間企業への開放である。2018年5月に「森林経営管理法」が制定される。同法により，市町村は，森林の「経営管理の状況」の評価の上，所有者の同意が得られない場合であっても，都道府県知事による裁定を経れば，行政権限で民間業者に森林経営を委託することが可能となる。民間業者は所有者の同意がなくても，行政判断により伐採し販売することが認められる。背景には，原木確保が困難となる中での，大手製材企業，バイオマス発電企業の原木需要の高まりがある。同法により，地域資源の民間大手への強制売却が可能となる。

林業の手法は，短期皆伐施業と長期多間伐施行がある。森林経営管理法は，前者の施業を前提に，民間企業による50年での短期皆伐に道を開くものである。山林マル裸伐採である。しかし，地元の資源維持，地域経済の持続性確保のためには，長期多間伐施業によって，間伐による収入を得ながら，50年を超えてから育つ高価な無垢材（A材）を生産する自伐型林業を選択すべきであるといわれる。殖林後50年足らずで皆伐すれば，その一部に殖林を施しても山は荒廃し，復元は難しい[42]。

2019年には，「国有林野の管理経営に関する法律」が改正され，国有林についても，民間企業に管理・伐採を委託することが可能となる。しかも，業者は再造林実施の義務を負わない。国有林の企業への実質タダでの払い下げである。

地域森林の民間利用促進の3つ目の施策が「森林組合法」改定（2020年）である。改定により，森林組合規定から非営利条項が削除され，株式会社への移行も可能となった。そのため，組合理事要件も緩和され，製材，流通業者の参加が認められた。また，

事業の大規模化，効率化を計るべく，小規模組合から大規模組合への生産・販売事業委託，組合の新設，事業分割が可能となる。協同組合自体の民営化施策である。

　地域共同体解体の第4は，「漁業法」改正（2018年）である[43]。漁業は，主に企業が営む遠洋漁業と地元漁業者が営む沿岸漁業に分かれる。全漁業経営体の94％は，陸地から3km～5kmの沿岸を漁場とする。沿岸漁場の利用権は，(1) アワビ，サザエなどを採取する共同漁業権，(2) 養殖業を営む区画漁業権，(3) 定置網漁業権の3つからなる。漁場が限られているためこれら3つの漁業権を漁業者間でどう配分するか，調整が必要となる。この調整を担うのが漁業協同組合（漁協）であり，また海区漁業調整委員会である。

　3つの漁業権のうち共同漁業権，区画漁業権については，知事から漁協に免許が与えられ，漁協が組合内での協議を踏まえて希望組合員に免許を与える。定置網漁業権は知事から希望する経営者に直接免許が与えられるが，地元漁民が優先権を持つ。漁協は，沿岸漁場を共有資源として管理し，年間を通して細かな利用調整を行う。漁協は，この沿岸漁場の利用調整に加え，今一つ重要な役割を担う。漁場環境の維持・管理である。漁協は組合費を財源として，漁船登録，種苗放流，汚染防止など多岐にわたる活動を行う。

　漁場管理，漁場利用調整を担う漁協の活動を担保する上位機関が海区漁業調整委員会である。委員会は15名の委員からなり，公選制によって選出された漁業者代表9名と知事任命の6名からなる。漁協組合員である漁業者代表が過半数を占める。漁場計画の作成，漁業権の免許，漁業権の処分について知事が判断する際，海区漁業調整委員会の意見聴取が義務付けられている。従って漁業者委員は漁協組合員であるから，海区漁業調整委員会には漁協

による漁場利用調整が反映され，委員会はその調整を行政的にオーソライズする機能を果すことになる。

　今回の改正により，水産資源管理手法の見直し，および漁場の利用調整の仕組みが変更された。後者について，区画漁業権は，漁協を介さず，知事が直接経営体に免許を与えることとされた。この改正により養殖を行う区画漁業権は漁協と切り離され，非組合員でも免許を与えられることとなった。また，免許，漁場利用調整を建議する海区漁業調整委員会の漁民委員9名の公選制が廃止され，知事任命とされた。海区漁業調整委員会と漁協との切り離しである。法改正は，規制改革推進会議の答申に基づくものであり，答申に従い，企業による区画漁業への参入規制が緩和されたのである。漁業法改正により，沿岸区画漁業への企業参入は容易となる。他方，漁協による沿岸漁場の共同管理に穴があけられ，漁場の利用調整においても，また地元の共有財産である漁場環境の維持・管理においても，漁協の役割は制約を受けることになる。沿岸漁場の市場化へ向けた法改正である。

　地域共同体解体の第5は，「卸売市場法」の改正（2018年）である[44]。国内青果の86％，水産物の54％，食肉の10％は，卸売市場を介して生産者から消費者に届けられる。産直や輸入の拡大により卸売市場を介さない流通取引が拡大するとはいえ，なお卸売市場は生産者と消費者をつなぐ公共インフラとしてその役割を果す。その役割とは，(1) 生産規模を問わないすべての生産者に対する平等な販売機会の提供，(2) 仲買人，買参人によるセリ方式での価格形成，および需給調整，(3) 仲卸，とりわけ特定生鮮品を専門とする中小仲卸による鮮度，品質，旬の評価にある。これら3つの機能を卸売市場が果すことによって，生産者にとっては，出荷市場が確保され，また需給状況の把握が可能となり，さらに専門

性の高い中小仲卸の目利きの存在によって品質の適格な評価と報酬が保証される。地域の小売店，料理店にとっては，その日の目玉品，こだわり品の仕入れ，顧客の日々のニーズ変化，繊細なニーズに応えることが可能となる。消費者にとっては，地元でこうした生鮮食品の入手が可能となると同時に，地元商店街のにぎわいという生活文化を享受することができる。

　しかし，こうした卸売市場の公共インフラ機能は，単純な自由競争の産物なのではなく，規制ルールによって守られた市場制度の下で発揮される。(1)「受託拒否の禁止」原則によってすべての生産者に対する出荷機会が保証される。また，(2)「セリ原則」，卸売業者による「買い付け集荷の原則禁止」，仲卸業者は当該市場の卸売業者以外から買い受けて販売してはならないとする「直荷引きの原則禁止」，市場内にある生鮮食品以外を売り渡してはいけないとする「商物一致原則」，これら4原則によって卸売市場は，品質に応じた価格形成，および需給調整機能を発揮することが可能となる。さらに，(3)卸売業者が仲卸業者，買参人以外に売り渡してはいけないとする「第三者販売の原則禁止」，および大手仲卸による「直荷引きの原則禁止」，このルールによって中小仲卸業者，買参人の機能が発揮されることになる。

　しかし，こうした卸売市場の規制は，大量取引による効率化とシェア拡大をビジネスモデルとする大手スーパー，大手量販店，大手加工業者，大手流通業者にとってはビジネスの障害となる。そのため，卸売市場法は1971年制定後，1999年改正によりセリ原則が廃止され，2004年改正により卸売業者による「買い付け集荷の原則禁止」ルールが廃止された。そして今回の2018年改正により，卸売業者に対する，仲卸以外の「第三者への販売の原則禁止」ルール，仲卸業者に対する「直荷引きの原則禁止」ルール，およ

び市場内にある生鮮品以外を扱ってはならないとする「商物一致原則」，これら3原則が廃止され，各卸売市場での選択項目とされた。

　これら3原則の廃止により，大手スーパー，大手量販店は，仲卸を介さずに，従ってセリを経ることなく直接卸売業者と，あるいは卸売業者を介さずに直接大手仲卸業者との取引が可能となる。従来の卸売市場機能は解体に向け縮小され，中小の専門仲卸業者，買参人は市場から排除されることになる。公共インフラとしての卸売市場から，大手スーパー，大手量販店，大手加工業者のための荷捌き・転送，加工・パッケージ，これら集配，物流センターへの転換である。

　実際，築地市場から豊洲市場への移転に伴い，豊洲市場は冷凍・冷蔵機能を備えた広域的な集荷センターとして整備され，大手スーパー，大手量販店のための荷捌き・転配送，加工・パッケージスペースが新たに設けられた。移転の翌年，東京都は中央卸売市場条例を改正し，前述の3原則を廃止する（2019年12月）。

　卸売市場法の改正によって中小の専門仲卸業者の排除が進むに従い，地域の中小小売店，料理店の競争力が失われ，大手スーパー，大手量販店，大手外食チェーンによる市場集中がさらに進むことになる。短期的には，消費者は大手小売業者間の価格競争の恩恵を得ることになる。しかし，それは大手小売企業による市場独占が完成するまでの話である。また，その市場独占化に伴い，地元自営業者の働く場は失われ，低賃金パートの拡大により地元経済は停滞を迫られる。地元利益の大手資本の独占レントへの転化である。

第6章　新自由主義政策と日本の貧困大国化

はじめに

　今日，各国において，また世界的にも一部巨大企業に所得が集中し，他方で格差と貧困が広がる。わが国も例外ではなく，大手企業で内部留保が積み上がる一方，貧困化が進み，先進諸国の中にあって，アメリカに並ぶ貧困大国化の道を進む。こうした分配の歪みは，巨大企業の市場支配力に加え，所得集中にしても，貧困拡大にしても，政策が大きく関わる。新自由主義政策である。

　一部の論者は，わが国の貧困拡大について，自己責任論を説き，あるいはバブル崩壊以降の失われた30年，続くデフレにその原因を求め，デフレ解消，成長が貧困解決の鍵となると説く。しかし，わが国は成長力を欠くものの GDP（国内総生産）が縮小したわけではない。貧困拡大は分配の歪みに原因があり，そこに政策が大きく関わる。

　本章の課題は，わが国の貧困大国化に焦点をあて，貧困大国化をもたらした政策とは何か，その政策責任を明らかにすることである。人々の生活は，月々の収入，および住宅政策，教育政策を含めた広義の社会保障政策・社会政策，これら2本の柱によって支えられ，決定される。以下，労働規制の緩和，および社会保障制度の後退が生活基盤となる2本柱を毀損し，貧困大国化をもたらしたことを明らかにする。自己責任ではなく，貧困大国化の直接の責任は政策にある。

　翻って，なぜ政府は，貧困化政策を導入したのか。そこにはバ

ブル崩壊以降の財界の戦略がある。経済界は，バブル崩壊，続く
円高の下で利益を確保すべく，人件費の削減と法人税負担の削減
を求めた。その結果が国民貧困化政策である。それゆえ，貧困大
国化政策の撤回は，大手企業との分配をめぐる攻防，分配構造の
是正が問われる。

第1節　拡大続ける貧困

　すでにわが国の貧困世帯はマイノリティではなく，また特定の
世帯に限定されない，貧困大国と化す。本節ではこの貧困大国の
実状を確認する。

　図6-1は，相対的貧困率[1]の推移を見たものである。それによ
ると，わが国の相対的貧困率は1985年の12.0％から2018年の
15.4％へと上昇する。この間，相対的貧困基準は貧困の広がりに
より，単身世帯の場合，1997年の149万円（年間所得）をピーク
に2018年の127万円へと低下する。

　しかし，相対的貧困率は国民の貧困状況を過小評価する。127
万円（月10.6万円）では家賃を支払うと食べていけない。4人世
帯254万円（月21.2万円）では，医療費，教育費の捻出はむずか
しい。

　貧困の絶対的基準として生活保護費（医療・介護・勤労必要費
扶助を除く，生活・居住・教育扶助の合計）を用いて，わが国の
貧困率を求めた後藤道夫の推計[2]によれば，わが国の貧困は，1997
年の12.9％から2012年には23.0％に上昇する。貧困人口も1625
万人から2931万人に増加する。2011年から2015年にかけて貧困
率は1.6％下げ21.4％となるが，これは貧困状況の改善ではなく，
安倍政権下で2013年以降，生活保護予算が削減され，それにとも

図6-1　相対的貧困率の推移

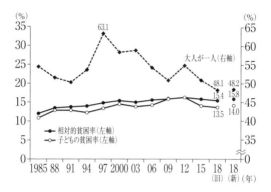

（注）（1）2018（平成30）年の「新基準」は，2015年に改定されたOECDの所得
　　　　定義の新たな基準で，従来の可処分所得から更に「自動車税・軽自動車
　　　　税・自動車重量税」，「企業年金・個人年金等の掛金」及び「仕送り額」を
　　　　差し引いたものである。
　　　（2）大人とは18歳以上の者，子どもとは17歳以下の者をいい，現役世帯とは
　　　　世帯主が18歳以上65歳未満 の世帯をいう。
（出所）厚生労働省（2020年）『令和元年国民生活基礎調査結果の概況』。

ない貧困基準が下がったためである。生活保護基準もまた貧困状
況を解消するものではないが，その政府公認の貧困基準以下で暮
らす人々が5人に1人の割合で存在する。すでにわが国は貧困大
国なのである。

　貧困は各特定世帯の区別なく，また全年齢世帯に広がる。最も
貧困率が高いのは，子育て中の母子世帯である。母子世帯の相対
的貧困率は51.4％と過半数を超え，約8割が生活苦を訴える。父
子世帯を含む親1人と子どもの世帯は，過去1年間に公共料金の
滞納を，電気で14.8％，ガスで17.2％，水道で13.8％経験する。
また，過去1年間に34.9％の世帯は食料購入の困難，39.7％が衣
服購入困難を経験する（『東京新聞』2019年11月30日）。2018年
現在，母子世帯は128万，父子世帯は18万であり，そこで暮らす

120万を超える児童は，十分な食事もままならない状況に置かれている。貧困状態に置かれた児童は，健康面だけではなく，教育機会でもハンディを負う。高校卒業後の大学進学率は，一般世帯では73.0％であるが，1人親世帯は58.5％，生活保護世帯は35.3％，児童養護院利用世帯は27.1％（2017年）であり，生活の困難を抱える世帯の子ども程，進学率は低く，世代を超えて貧困リスクを背負うことになる[3]。

高齢者世帯もまた貧困率が高い。65歳以上の高齢者世帯の内，19.7％は生活が「たいへん苦しい」，31.9％が「やや苦しい」，計51.7％が生活苦を訴える（厚生労働省「令和元年国民生活基礎調査の概況」図16）。実際，最低生活費を基準として高齢者世帯の貧困率を見ると，単身世帯で年収150万円未満の世帯が男性で33.0％，女性で52.3％，夫婦のみの世帯で年収200万円未満の世帯が16.0％，単親と未婚子の世帯で年収200万円未満が12.9％であり，高齢者のいる世帯の22.4％が貧困状況にある（厚生労働省「平成28年国民生活基礎調査」第109表）。

また多くの高齢者は十分な貯蓄を持たない。厚生労働省の調査によれば，貯蓄ゼロ世帯が15.1％，ゼロ世帯を含めた貯蓄200万円未満世帯が18.5％，500万円未満が41.3％，1000万円未満が65.7％であり，2000万円以上の貯蓄を有する世帯は18.5％と2割に満たない（厚生労働省「平成28年国民生活基礎調査の概況」表8）。貧困，生活の余裕を欠くなか，貯蓄も十分でない高齢者が過半数を超える。

大学で学ぶ機会を得られた若者も貧困と無縁ではない。親世代の貧困化により支送りが減少し，今では月10万円以上の支送りを受ける学生は30％に満たない。住宅費を除いた1日当たりの生活費は1990年の2460円から2014年には897円にまで低下し，多く

図 6 - 2　所得階層別分布

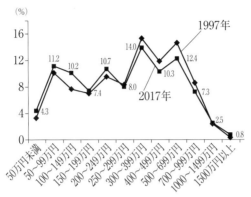

（資料）「平成 9 年就業構造基本調査」，「第2002表　年齢(14)，男女
(3)，雇用形態(2 A)，所得(13 A)，従業者規模(12)，雇用者数，全国
(1)」および，「平成29年就業構造基本統計調査」，「第45表　男女，
年齢，従業上の地位・雇用形態，所得(主な仕事からの年間収入・収
益)，従業者規模別人口(雇用者)−全国」。

の学生がアルバイト，奨学金の借入を迫られている。アルバイト
といってもかつての家庭教師の需要は少なく，飲食店等での最低
賃金でのアルバイトを選択せざるを得ず，学生の多くが労働基準
法に違反するブラックバイトを経験する。大学生の 4 〜 5 割が奨
学金を利用するが，その 7 割以上が有利子で，卒業後 20 年以上に
わたり返済負担を負う。奨学金破産は延べ 1.5 万人を数え，3 ヵ月
以上の延滞者は 16 万人に上る（『朝日新聞』2018 年 2 月 12 日）。
　貧困に陥るリスクが最も少ないはずの現役世代もまた貧困とは
無縁ではなく，また少数者に限られない。図 6 - 2 は，稼働所得の
階層別分布について，1997 年と 2017 年の分布を比較したもので
ある。それによると，年収 300 万円から 999 万円の層が減少し，
50 万円未満から 249 万円未満の層が増加していることがわかる。
中間層が減少し，低所得層が増加する。その一方，年収 1500 万円

以上はその比重を高める。わが国でも上位1%と下位99%の断絶が現れる。

　生活保護の最低生活費（生活扶助＋住宅扶助＋教育扶助＋一時扶助）を基準として全国の貧困率を推計した戸室健作[4]によれば、高齢層の貧困拡大に伴い、全国の貧困率が9.2%（1992年）→10.1%（1997年）→14.6%（2002年）→14.4%（2009年）→18.3%（2012年）と上昇する中、就労世帯についても、同じ時期に4.0%→4.2%→6.9%→9.7%と貧困率が上昇する。2012年時点の貧困世帯は986万世帯であるが、そのうちの32.5%（320万世帯）は就労世帯が占める。ワーキングプア世帯の増大である。

第2節　ワーキングプアの増大

　わが国では、全ての特定世帯、年齢世帯で貧困化が進む。この貧困大国化の第1の原因は、ワーキングプアの増大にある。現代社会において、人々の生活は労働によって得られる収入と政府の公共、社会政策によって成り立つ。働いても生活を維持するのが難しいワーキングプアの増大は、人々から希望を奪うだけではなく、就労世帯を含む全世帯を貧困化する病巣をなす。

　ワーキングプア自体は、資本主義のどの時代にも存在した。戦後についても、大手企業の下請労働者、とりわけ零細な下請企業の下で働く労働者、安定した雇用契約を持たない日雇労働者、そして自営業者はワーキングプアとして経済を底辺で支えてきた。下請けの例をあげれば、すでに指摘したように、徹底したピラミッド型下請管理を形成するトヨタ自動車グループでは、「トヨタの平均年収822万円に対し、第二次下請は583万円〜595万円、第三次下請は336万円〜374万円、第四次下請となると年収は178

図 6 - 3　年齢階級別非正規雇用者の割合の推移（男女別）

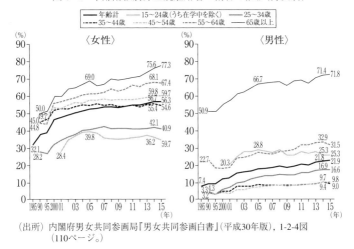

（出所）内閣府男女共同参画局『男女共同参画白書』（平成30年版），1-2-4図
（110ページ。）

万円〜 344 万円にすぎない」。下請構造は，その底辺に最低生活水
準未満の低賃金労働者を生みだしてきた。

（1）雇用の非正規化

　今日，ワーキングプアは，下請の底辺に限らず雇用者全体に広
がる。新たなワーキングプア層の発生である。1990 年代以降の新
自由主義政策，労働規制の緩和，撤廃による，親企業，下請企業
を問わない非正規雇用の拡大，つまり雇用の非正規化である。今
日，わが国は非正規労働者が雇用者の約 40％に迫り，先進国にあ
って突出した非正規雇用比率を示す。

　図 6 - 3 は，年齢階層別に非正規雇用者の割合を見たものである。
1990 年代後半以降，15 〜 24 歳層を除きどの年齢層でも男女を問
わず非正規雇用比率が上昇する。注目すべきは，仕事の能力を最
も高めることができる 25 〜 34 歳世代での非正規雇用比率の上昇

表6-1　正規，男性35-39歳，所得階層別分布構成
の推移（1997→2017年）

(%)

	総計	10人〜99人	100〜999人	1000人以上
300万円未満	6.0→11.7	3.7→7.2	1.8→3.4	0.5→1.1
300〜400万円未満	13.2→17.4	7.3→8.3	4.5→6.4	1.4→2.7
400〜500万円未満	21.8→19.2	9.2→7.0	8.6→7.0	4.0→5.2
500万円以上	53.7→38.3	10.6→6.0	16.8→11.5	26.3→20.8

（資料）総務省「平成9年就業構造基本統計調査」第2002表，および
「平成29年就業構造基本統計調査」第45表から作成。

である。同年齢層の非正規雇用比率は，女性の場合，28.2％（1990年）から42.1％（2015年）へ，男性は4.3％（1990年）から16.6％（2015年）へと上昇する。少なからぬ若者がキャリア形成の道から外されることになる。

　非正規雇用は，年齢を重ねても最低賃金，あるいは最低賃金プラスアルファの時給で働き，年収は300万円に届かない。家計補助的な主婦パートの場合，低賃金であっても世帯単位で見れば貧困を必ずしも意味しない。しかし，今や男性の668万人，世帯主である女性でも488万人が非正規として働く[5]。膨大な貧困層の発生である。

　この非正規雇用の拡大は，非正規に留まらず，雇用者全体，また全世代の貧困化をもたらす。第1に，正規雇用労働についてもその賃金を押し下げ，ワーキングプアを生む。職場に低賃金の非正規雇用者が加わり，あるいは職場の外部に低賃金労働者の圧力が増大すれば，職場では正規労働者といえども経営に対する交渉力は後退を迫られる。非正規雇用の拡大は，労使の力関係を介して，正規労働者の賃金に対する下方圧力となる。表6-1は，小規模企業（10〜99人），中規模企業（100〜999人），大規模企業（1000

人以上）の男性（35 〜 39 歳），正規労働者について，各所得階層者の割合が 1997 年から 2017 年かけてどのように変化したかを示したものである。それによると，35 〜 39 歳という各企業の中堅労働者にもかかわらず年収 300 万円未満の割合がどの企業規模でも上昇する。その割合の上昇は小・中規模企業においてより高い。さらに，300 万〜 400 万円未満層についても各規模企業においてその比率を高める。400 万円未満となると子どもの教育費の捻出がままならない。他方，400 万〜 500 万円未満，そして 500 万円以上層の割合はいずれの規模企業でも減少し，500 万円以上層は，規模計で 1997 年の 53.7％から 2017 年の 38.3％と比率を大きく下げる。男性正規社員においても低賃金化が進む。

　非正規，正規ワーキングプアの拡大は，母子家庭の生活を直撃する。1 人親世帯の相対的貧困率は，OECD（経済協力開発機構）加盟国中日本が一番高く，1 人親世帯 141.9 万のうち 123.2 万世帯（86.8％）を占める母子世帯の過半数 51.8％は相対的貧困下に置かれる。母子世帯の高い貧困率の原因は大きく 2 つあり，1 つは次節で論じる児童に対する財政支援不足にあり，2 つはワーキングプアの拡大にある。

　厚生労働省「平成 28 年度全国ひとり親世帯等の調査」によれば，母子世帯の母親の 82.1％は就業する。就業者のうち，44.3％は正規の職員・従業員として，48.4％は派遣，パート・アルバイト等非正規の職員・従業員として働く（同書，14 ページ）。非正規女性の場合，賃金の年功カーブは年収 200 万円に達しない。母親が正規の職員・従業員として働く場合であっても，年収は 200 万円未満が 25.8％，300 万円未満が 57.2％と過半数を占める（同書，3ページ）。非正規，正規を問わないワーキングプアの拡大は母子世帯にとりわけ重くのしかかる。

　親世代の賃金が低下し，ワーキングプアが広がれば，学生生活を送る子どもへの支送りの余裕は失われ，子どもは奨学金という多額のローンを抱え，ブラックバイトを迫られることになる。学生もまた貧困に陥ることになる。

(2) 老後生活の困難

　さらに，非正規雇用をはじめとするワーキングプアの広がりは，自助努力での老後生活の準備を困難とし，老後不安を招く。金融広報中央委員会「家計の金融行動に関する世論調査」(2019 年 11 月 18 日) によれば，老後の生活について 20 歳以上かつ 2 人以上の世帯の 40.3％が「非常に心配である」，40.9％が「多少心配である」と回答する。その理由としてまず挙げられるのが「年金・保険が十分ではない」(73.3％)，そして「十分な金融資産がない」(69.7％)である (同調査，図表 19，図表 20)。単身世帯にあっては，53.8％が「非常に心配である」，31.8％が「多少心配である」と回答する。理由の第 1 は，「十分な金融資産がない」(76.2％)，次に「年金や保険が十分ではない」(57.9％) である。

　多くの国民が老後生活に不安を持つのは当然のことである。今日，年収 200 万円以下の就労者が 1000 万人を超え，年収 300 万円以下の就労者が約 4 割を占める。現役時代に年収 200 万円，300 万円というワーキングプアを強いられれば，いくら倹約しても老後生活の準備はかなわない。1 つに，ワーキングプアでは貯蓄をする余裕もなく，政府が減税で民間金融機関を利用した個人貯蓄を奨励しても，それは他人事でしかない。2 つに，年金制度の改悪を別としても，わが国の年金制度は，支払い保険料に比例する要素が大きいため，現役時代の賃金が低ければ払い込み保険料もその分抑えられ，十分な年金は望めないからである。

実際，厚生労働省「平成29年度年金制度基礎調査」（2019年）によれば，男性の場合，現役時代に正社員として働いていても，38.9％の人々は公的年金収入が年200万円に達しない。約4割の人々は生活保護並みか，それ以下の年金収入しか得られない。年金250万円以上は約3割に留まる。現役時代常勤パート中心であった場合，公的年金が年200万円，月16.7万円を超えるのは14.4％にすぎず，年50万〜100万円未満が29.3％と最大グループを形成する。現役時代アルバイト中心であった者は，公的年金が年200万円以上の者は7.3％でしかなく，50万〜100万円未満が41.9％を占める。現役時代自営業を中心とした者は，非正規労働者以上に公的年金収入は少なく，年100万円未満が62.3％を占める。

女性の場合，男女間の賃金格差故に，受けとる年金はより少ない。現役時代正社員中心であった場合でも，公的年金が年200万円を超えるのは17.3％にすぎず，60.8％の女性は150万円に届かない。現役時代常勤パート，アルバイトを中心としてきた女性は，年200万円以上のものは4.5〜4.6％にすぎない。

ワーキングプアの拡大は，確実に老後生活の貧困を生み出し，現に生み出してきた。確かに，夫婦で世帯を構成する場合は，公的年金収入が2人で合算されるため，単身世帯に比べ，老後生活の貧困は緩和されよう。しかし，現役世代のワーキングプアの拡大は，貧困率の高い高齢単身世帯を確実に増やす。年齢階層および年間所得別に見た男性未婚率を見ると，どの年齢層でも所得の低いほど未婚率が高く，所得が高いほど未婚率は低下する。年収250万円未満の場合，どの年齢層でも未婚率が50％を上回る（総務省「平成29年就業構造基本統計調査」第240表）。低賃金，雇用の安定性を欠く非正規雇用者は，とりわけ世帯形成に困難を抱え，単身世帯のまま将来，貧困高齢者となる可能性がより高い。

　資本主義は富の蓄積をもたらす一方で社会の底辺に貧困を蓄積する。戦後日本の高度成長下にあっても，各地の建設現場を支える労働者，中小下請企業の労働者，家族自営業者，そして身体障害者は一貫してワーキングプアとして不安定な生活を強いられてきた。1990 年代後半以降，従来のワーキングプア層に新たなワーキングプア層が加わる。パート，アルバイト，派遣，契約社員，そして労働法の適用から外され形式的に独立自営業者として働く，ギグ・エコノミー労働者，これら非正規雇用の増大である。

　今日，貧困は誰にとっても無関係ではない。生活に必要な報酬を得られない貧困層拡大の根本原因はこの非正規雇用の拡大であり，この非正規雇用の拡大は，正規雇用の底辺，流動的正規を巻き込みつつワーキングプア層を拡大し，さらにこのワーキングプアの拡大は，子どもから高齢者世代まで全世代の貧困化をもたらす。その意味で橋本，小泉内閣以降，そして安倍内閣による労働規制の緩和は，今日の日本を貧困大国化とした最大の政策的責任を負う。

第 3 節　後退する社会保障

　今日，国民負担率は財政赤字を含めれば約 50％，つまり国民所得の約半分は政府の政策によってその支出が決まる。その政策としての社会保障は，労働報酬とともに人々の生活に大きな影響を与える。以下，この社会保障予算の削減，後退の実態，およびそのことが貧困大国化の第 2 の原因であることを明らかにする。

（1）財政赤字の弊害
　わが国の財政は，バブル崩壊以降，歳出を歳入が下回る赤字が

拡大し，公債残高を膨張させてきた。1990年代，景気対策の名の
下，大型公共投資予算を組み続け，その一方で景気後退によって
法人税収，個人所得税収が落ち込む中，法人税率を引き下げ，ま
た所得税の累進税率を引き下げ，その結果，今日につらなる財政
赤字の基礎を築くことになった。2000年代に入り，公共投資は抑
制に転じるものの，富める者への減税，優遇制度は拡大されていく。
小泉内閣は金融立国を目指すとして配当・キャピタルゲイン課税
を20%から10%へと引き下げる。法人税についても，小泉内閣以
降，大手企業に対する租税特別措置が拡充され，また法人税率が
引き下げられてきた。その結果，長びく経済の停滞の下，公債残
高対GDP比でもその累積スピードを高めてきた。

　公債残高の対GDP比率の上昇は様々な弊害を生む。第1は，財
政の硬直化である。2019年度予算（一般会計99.4兆円）のうち国
債費は23.6兆円（利払等8.9兆円，償還費14.7兆円）であり，一
般会計の23.6%を占める。つまり，予算99.4兆円のうち実際に政
策的経費として使えるものは75.9兆円に留まる。硬直化の先は財
政破綻である。毎年，新規国債発行に加え100兆円を超える借換
債が発行されており，2018年度政府公債の発行額は約150兆円を
数える。仮に，金利が1%上昇すれば，1.5兆円，2%上昇すれば
消費税1%分を上回る3兆円の予算が必要となる。第2は，金利
上昇→国債評価額の低下に伴う，国債保有金融機関の損失の発生，
金融危機のリスクである。それゆえ，メガバンクは，国債の大量
発行が続く中，その買い入れ抑制に方針を転換する。そのため，
金融の量的，質的緩和の名の下，日銀は際限のない国債の買い入
れ（財政ファイナンス）を開始し，すでに日銀は発行済み国債の
49.2%を保有する。第1，第2のリスクの日銀財務リスクへの転
化である。第3に，日銀による大量の国債買い入れは，国債価格

の高止まり，つまり長期金利の低下と長短金利間の利ざやを押しつぶし，とりわけ地方銀行の経営を追い詰める。また，民間金融機関からの国債の買い入れは，民間金融機関の日銀当座預金を膨張させ（過去 20 年で 100 倍），将来にわたって金融引き締め政策の発動を困難とする。

国債残高の累積はすでにこうした様々なリスクを高めており，放置は許されない。財政赤字を縮小する必要があり，そのためにはまずもって赤字拡大の原因となった政官財癒着がらみの大型公共投資，対米従属故の軍事予算の膨張を中止し，歳入面では，高額所得層，そして単に内部留保を積み上げる大手企業に対する優遇税制を改め，支払い能力に見合った応分の納税を求めることである。また，アマゾン等多国籍企業による租税回避にメスを入れることである。

しかし，政府は，政官財癒着，対米従属がらみの歳出膨張に切り込みを入れることなく，また富裕層，巨大独占資本への優遇税制を改めることなく，財政赤字対策のターゲットを社会保障予算の削減，および社会保険料と消費税率の引き上げ，つまり国民負担の引き上げに求めてきた。わが国の社会保障は，フランスや北欧諸国のように，国民生活のベーシックニーズを保障するものとなってはいない。その下での社会保険料の引き上げと社会保障予算の削減は，社会保障制度の解体を意味し，格差と貧困を一層拡大することになる。

(2) 社会保険料の引き上げ

政府による社会保障解体は，3 面にわたる。第 1 は，社会保険料の引き上げである。本来，ユニバーサルな公共サービスである社会保障制度は税金を基本的財源とすべきであるが，わが国の社

会保障制度はその財源の約 6 割を社会保険制度に負う。しかも，わが国にあっては，社会保険料の支払いは公共サービスの利用権・資格を意味し，保険料支払いの滞納者は社会保障の対象外とされ，あるいは利用制限という罰則を受ける。それどころか，税と同様に強制収用の対象とされる。近年，所得格差が拡大し，貧困が広がるなか，社会保障を利用する「資格権」を得るための料金が一貫して吊り上げられてきた。退職者，自営業者など所得の少ない人々が多く加入する国民健康保険料は，全国平均で 1 人当たり 8 万 2202 円（1997 年）から 10 万 3317 円（2017 年）へ約 30％引き上げられた（厚生労働省『国民健康保険事業年報』1997 年度，2017 年度）。また，国民健康保険料は，自治体によってその額が大きく異なる。年収 400 万円，夫婦，中学生と高校生の子ども 2 人，計 4 人の家族を例にとると，保険料の高い上位 10 市はいずれも世帯の年間保険料が 50 万円を超える。低い 10 市でも 35 万円を上回る（同書）。事業者が加入する健康保険料もこの間引き上げられてきた。中小企業事業者が加入する協会けんぽの保険料率は，8.5％（1997 年度）から 10.0％（2019 年度）へ引き上げられた（全国健康保険協会）。

　国民年金の保険料は，月 1 万 2800 円（1997 年）から月 1 万 6410 円（2019 年）へ，1.28 倍に，厚生年金の保険料率は 17.35％（1997 年度）から 18.3％（2017 年度）へ引き上げられた。2000 年度に導入された介護保険の保険料は全国平均で導入当初の月額 2911 円から 5869 円（2019 年）へ約 2 倍となる。医療，年金，介護，これら社会保険料の引き上げは，勤労世帯の収入増加を上回り，可処分所得の低下を招く。1988 年から 2017 年にかけて，勤め先収入に占める税・社会保険料の比率は 20.6％から 25.7％に上昇し，可処分所得を低下させるが，その上昇分 5.1％のうち 4.2％は社会保

険料の増加による[6]。社会保険料の引き上げは，所得の低い世帯程，影響は大きい。

とりわけ保険料の算定に人頭税要素を含む国民健康保険ではその影響が大きい。1788万世帯が加入する国民健康保険ではその13.7%，245万世帯が保険料を滞納する。そのうちの62.1万世帯が保険証の有効期間が1ヵ月，あるいは3ヵ月という短期保険証を交付され，15.1万世帯は病院窓口で一旦10割支払いを求められる資格証明書の交付という罰則を受ける（厚生労働省「平成30年度国民健康保険（市町村）の財務状況について」2020年7月22日）。加えて，近年，未納者に対する財産差し押さえが強化され，2015年までに29.8万件の差し押さえが実施された。生活困窮者をさらに追い詰めるサラ金行政である。

介護保険料もまた均等割，平等割を含み，保険料の引き上げに伴い，65歳以上の滞納処分者が2014年以降1万3000人を超える状況が続く。介護保険料は，原則基礎年金から差し引かれるため，これら滞納処分者は，その年金が少ない高齢者である。こうした低年金者に対して，介護サービス利用に際しての1割負担から3割，4割負担への引き上げ，あるいはサービス利用の一時的差し止め，あるいは一旦全額支払いというペナルティが課せられる（厚生労働省「介護保険事務調査」2019年）。さらに財産の差し押さえも行われる（2018年度，1万9221人）。

後期高齢者医療保険においても，少なからぬ保険料滞納者を抱える。滞納者は2017年度22.2万人を数え，滞納者に対する行政処分は2010年度の1669人から2017年度には約4倍の6816人に強化される（『しんぶん赤旗』2019年8月11日）。

保険料が全額頭割りである国民年金は，未納者が半数近くに上る。学生を含め，国民年金のみに加入する人は2019年度で1453

万人を数えるが，完納者は 48.5％にすぎない。部分納入者 2.8％を含めても，納入者は 51.3％に留まる（厚生労働省「令和元年度の国民年金の加入・保険料納付状況」2020 年 6 月 29 日）。低所得者にとって月々 1 万 6410 円（年 19 万 6920 円）の保険料は負担が重く，将来 700 万人，800 万人の単位で基礎年金資格を欠く，あるいは低額給付者を生むことになる。

（3）自己負担の引き上げ

　社会保障制度解体とそのことによる貧困拡大の第 2 は，社会保障サービス利用に際しての自己負担，いわば利用に対する障壁の引き上げである。医療保険制度では，被用者本人の窓口支払いは 1973 年に医療費の自己負担額に月額上限を設ける高額療養費制度が導入された。しかし，この上限は当初の月額 3 万円（1974 年）から 8 万 100 円（2015 年）に引き上げられる（年収 370 万円未満の住民税課税者の上限は 5 万 7600 円）。

　高齢者については 1973 年に 70 歳以上を対象に別途老人医療費支給制度が創設され，医療費の窓口負担がゼロとされた。しかし，1983 年に 1 回当たり定額の窓口負担制が導入され，2001 年には月額支払上限付きで 1 割負担とされ，翌年に現役並み所得者については 2 割負担，その後 2006 年には 3 割負担とされた。そして，2008 年に後期高齢者医療制度が導入され，それまで 1 割負担とされた 70 〜 74 歳は 2 割負担，75 歳以上は 1 割負担（現役並み所得者はいずれも 3 割負担のまま）とされた。さらに，2021 年，75 歳以上についても 2 割負担（年収が単身世帯 200 万円以上，夫婦世帯 320 万円以上）とされた。

　窓口負担に加えて，1994 年に入院時の食事療養制度（いわゆるホテル代）が導入され，入院患者は食材費として 1 食 260 円の負

担が課され，2015年改正で食費として1食360円，2018年4月以降は460円課されることになった。介護保険対象となる65歳以上の入院患者については，2006年食費1食460円，居住費1日320円がホテル代として求められることになり，2015年改正で居住費は1日370円に引き上げられた。高齢者が1ヶ月入院するとなると，ホテル代は月5万2500円となる。

　窓口負担の引き上げは，低所得にとっては医療サービス利用に対する障壁となる。全日本民医連が加盟全国641医療機関を対象に行った調査によれば，東京都だけで「経済的理由で治療が遅れ死亡した事例」が77例あった（『しんぶん赤旗』2019年3月17日）。

　介護保険制度についても利用時の自己負担が引き上げられてきた。2000年の介護保険制度導入時，利用者の負担は1割とされた。しかし，5年後には，介護施設での食費と居住費は介護保険の対象外とされ自己負担となり，介護サービスについてのみ1割負担とされた。ちなみに，この2005年の改正に合わせて，2006年に入院時生活療養費制度が導入され，入院時の食費，居住費の自己負担制度が導入されたことはすでに述べたところである。介護サービス利用の自己負担は，その後，2014年改正で2割負担（年金収入280万円以上），さらに2017年5月改正で3割負担（年金収入383万円以上）とされた。また，介護保険についても，介護サービス利用者の自己負担額に上限が設けられているが，その後，2015年に上限額が引き上げられた。

　食費と居住費を自己負担とした2005年の介護保険制度改正時に，急激な負担の上昇は低所得者にとって負担が大きいとして，住民税非課税世帯の利用者の食費と居住費に対する「補足給付」制度が導入された。しかし，これも利用対象のさらなる限定化が行われていく。2014年改正で，世帯分離の有無に関わりなく，配

偶者が課税世帯，あるいは貯蓄が 1000 万円以上（夫婦で 2000 万円以上）ある世帯は「補足給付」の対象外とされ，2020 年改正で対象者のさらなる縮小が決定された。

（4）公的サービスの縮小・廃止

①医療……社会保障制度の解体とそのことによる貧困拡大の第3 は，公的サービスの縮小，廃止である。医療費の増加を抑制するとして，政府は，保険料の引き上げ，受診・入院の患者負担を引き上げることに加え，病床の削減を進めてきた。地域住民にとって不可欠な国公立・公的病院の病床数は，50 万 9600 床（1997年）から 44 万 7000 床（2016 年）へ削減され，さらに 2025 年までに全国の高度急性期病床と急性期病床を 20 万床削減すべく，政府は 2019 年に全国 424 の公立・公的病院の統廃合を病院名とともに公表する。東京都においては，コロナウィルス感染が広がる中，救急医療，難病医療などの拠点として機能してきた 8 つの都立病院と 6 つの公社病院の地方独立行政法人への移行を決定する（2020年 3 月 28 日）。政府が進める病床削減にせよ，東京都が進める公立病院の独立行政法人化にせよ，最も医療サービスが必要とされるところを狙った公共サービスの廃止に他ならない。

②介護……介護サービスにおいては，医療以上に需要に対して供給が不足している。特別養護老人ホームは，利用者 46.7 万人を上回る 52.3 万人の待機者を抱える（『朝日新聞』2015 年 7 月 24 日付）。これは，民間の有料老人ホームは，多くが数百万円から数千万円の入所金に加え，月々 20 〜 35 万円の入居費用を求められるのに対して，特養は住民税課税世帯で月々の入居費用が 9.2 万円（多床室）から 12.8 万円（ユニット型個室）で済むからである。こうした特養への強い国民ニーズが存在するにもかかわらず，ホ

ームの供給率を上げるのではなく，政府は2014年の「医療・介護総合法」によって特別養護老人ホーム利用者資格の制限を導入した。ホーム利用者を原則要介護3以上としたのである。この措置によって，それまで保険料を支払ってきたにもかかわらず，要介護1，2で特別養護老人ホームへの入所を待っていた17〜18万人はその資格を喪失する（『朝日新聞』2015年7月24日）。

　③年金……公的サービス削減の3つ目は，年金である。わが国の年金制度は，無年金者，低額年金者を多く抱える。基礎年金のみが696万人（男子167万人，女子529万人）存在し，厚生年金（第1号）についても男子の82.2%は月額受給が20万円未満であり，女子の82.5%は月額受給が10万円未満である（厚生労働省「平成30年度厚生年金保険・国民年金事業年報」2020年3月31日）。老後生活に不十分な年金支給に加え，雇用者のうち1600万人以上が厚生年金に加入していない。こうした無年金，低い年金額問題を解決することなく，約160兆円の積立〔年金基金〕を抱えながら政府は2001年以降年金給付の削減を進めてきた。

　主な年金削減改定は，標準報酬に賞与を含む「総報酬制」導入による支給率削減（2003年），「マクロ経済スライド」制（公的年金被保険数の減少と平均寿命の延びを勘案して給付を2038年まで1%ずつ引き下げる）の導入（2004年），2000年度から2002年度まで物価が下がっても年金額を据え置くとした「特例水準」の解消（2012年）である。これら一連の年金削減策により，厚生年金受給者の平均月額は17万6953円（2000年）から14万7055円（2017年）へ約3万円低下する。これまでの年金削減改正に加え，安倍内閣は，2016年に新たな削減改定を行う。「キャリーオーバー制」（物価上昇率が小さいために発動できなかったマクロスライドを後年実施可能となった時点で実施する）の導入，および「賃金・物

価スライド」改正（現役世代の賃金が下がれば，物価が上昇しても年金支給を減らし，物価と賃金とともに下落した場合，より下がった方に合わせて支給を減らす）の導入である。

　政府の一連の年金削減策は，保険財政維持を理由とするが，国民の老後生活保障はどうなるのであろうか。マクロスライドの実施により，わが国のモデル厚生年金の「総所得代替率（年金／現役世代の平均賃金，但し年金と賃金に税・社会保険料を含める）」は 2038 年には 35.1 ％となり，OECD30 ヵ国（2015 年）中，下から 4 番目の低水準にまで落ち込む[7]。さらに，2016 年改正を考慮すると，2043 年度には年金支給額が今の価値で年 100 万円未満となる高齢者が 56.6 ％となると推計される（『朝日新聞』2017 年 1 月 21 日）。わが国の年金制度設計は，老後生活を保障せず，老後の生活基盤を破壊する方向に突き進められてきたのである。

　④失業保障……公共サービス削減の 4 つ目は，失業保障である。わが国では，失業者のうち失業給付を受けている者の割合は 20％前後にすぎない（『データブック国際労働比較 2019』）。ドイツ，フランスでは，原則として失業者には給付金が支出される。この差がなぜ生まれるのか。1 つの原因は，わが国では短時間労働者を雇用保険の対象としてこなかったからである。1989 年の「短時間労働被保険者」導入後も，週の所定労働時間 20 時間未満の労働者は制度の対象外とされる。2 つは，1986 年以降，給付期間の短縮化が行われてきたからである。今日，わが国の給付期間の上限は約 1 年であるが，ドイツは 2 年，フランスは 3 年である。また，ドイツは失業給付 I に加え，期限の定めのない失業給付 II を制度として備える。

　さらに，近年，失業保険制度そのものが機能しない事態が広がる。個人請負，個人事業主として働く，ギグ・ワーカーを含むフリー

ランサーを主業とする人々の増加である。わが国では 130 万人から 200 万人と推計される。これらの人々は，雇用契約ではなく事業契約として働くため，雇用保険，労働基準法の対象外に置かれる。こうした法律の穴を狙った新たな非正規雇用が増加する。雇用保険法，労働基準法の改正による新たな非正規労働者の雇用保険制度への包摂が求められる。

　⑤生活保護……公共サービス削減の 5 つ目は，生活保護給付の削減である。そもそもわが国は申請方式のため制度の利用条件を満たしていても利用していない世帯が多く，生活保護制度の捕捉率は 20 ～ 30％と言われる。ドイツの 3 分の 1 以下，イギリスの 2 分の 1 以下である。この捕捉率の改善を図ることもせず，政府は支給額を削減してきた。

　2004 年に老齢加算を廃止し，母子加算を削減する。中位世帯の消費支出の 60％という基準を考慮することなく，安倍内閣は 2013 年度予算で生活扶助予算を 3 年間で 980 億円削減する決定を行い，その後住宅扶助，寒冷地向け冬季加算を削減する。さらに，2018 年度以降 3 年間で生活扶助予算 210 億円の削減を決定する。この安倍内閣による生活扶助予算の削減は，子育て世帯と高齢世帯により大きな影響を与える。2012 年末以降，2020 年 10 月にかけて都市部での 1 人親子 2 人世帯の生活扶助費は 21.3 万円から 19.2 万円，夫婦子 1 人世帯は 17.0 万円から 15.5 万円に切り下げられることになる（『しんぶん赤旗』2018 年 8 月 31 日）。生活保護受給世帯の約半数を占める高齢単身世帯は，2004 年から 2020 年にかけて生活扶助費は 24.5％の削減となる[8]。高齢単身世帯の場合，東京都区部での生活扶助は月 7 万 9550 円である。光熱・水道費，その他生活用品をまかなうと，食事に回せるのは 1 日 1000 円程となろう。入浴も週 2 ～ 3 回と言われる。この状況において，安倍内

閣は2018年度以降3年間にわたり扶助費をさらに削減する決定を行ったのである。

低所得かつ雇用身分が不安定なワーキングプアを対象に連合・連合総研が行ったアンケート調査[9]によれば，政府・行政に対する要望の上位3つは，「最低賃金など労働条件の引き上げ」（47.6％），「健康保険・公的な年金制度の充実」（32.1％），「再就職支援の充実」（31.1％）と続く。国民生活安定の基本的条件は2つであり，ディーセントワークを保障する労働条件，および国民生活の社会的ニーズを保障する公共サービス・社会保障である。「土光第二臨調」以降とりわけ1990年代後半以降，政府は上記2条件をターゲットに，労働規制の緩和を進め，同時に他方で社会保障制度の後退，破壊を進め，国民生活安定の条件を崩してきた。連合アンケートに示されたワーキングプアの要望は，この間の政策が国民に何をもたらしたのか，その結末に対する国民の訴えである。

第4節 自己責任とされる教育，住宅

最後に，高等教育，住宅は自己責任の領域とされ，高等教育，住宅に関する財政政策は等閑視されてきた。この高等教育，住宅政策の欠落は，社会保障の解体と同様，貧困の原因となり，貧困問題の解決を困難とする。

（1）教育への公的支出の少なさ

国が政策として教育をどのように位置付けているか。その1つの指標が教育機関への公的支出の対GDP比である。わが国は2.9％（OECD『図表でみる教育 OECD インディケータ（2019年版）』明石書店）であり，これは OECD 諸国35ヶ国中最下位である。

最大の理由は，高等教育に対する公的支出が少ないことにある。高等教育は自己負担とされ，私費負担率は69％と，OECD34ヶ国中最も高い。わが国は過去30年高等教育予算を抑制し，私費負担を増やしてきた。高等教育費は家計に重くのしかかる。その世帯年収に占める割合は，平均で15.7％，世帯年収別に見ると，「年収200万円以上〜400万円未満」では32.1％，「年収400万円以上〜600万円未満」では22.6％であり，所得の低い世帯への影響は著しく大きい（日本政策金融公庫「平成30年度教育負担の実態調査結果」2019年3月20日）。

とりわけ大学教育の私費負担は重い。全国大学生協連の調査によれば，受験から入学までにかかった費用は，自宅生の場合，国公立大で128万円，私立大で151万円，下宿生の場合，国公立大で200万円，私立大で222万円である（2019年度）。入学後の授業料は，国立大（文系）で54万円，私立大（文系）で78万円，私立大（理工系）で114万円，私立大学の場合，授業料以外の納付も求められる。下宿生には生活費が必要となる。

大学で学ぶための教育費用は上昇する一方で家計の所得の伸びは抑制され，低所得世帯が増加する。政府が用意した答えは，奨学金（ローン）の拡大である。今日，大学生の約4割は教育ローンを背負う。大学生の平均借用額は無利子枠で241万円，有利子枠で343万円であるが，国は1999年以降，有利子奨学金を大幅に拡大する。しかし，教育ローンは，卒業後の生活を圧迫する。非正規雇用の増加，低賃金職の増加に伴い，奨学ローン返済の延滞者は2017年度時点で15万7000人を数える。抽出調査の結果は，延滞者の77％が年収300万円未満であった（『朝日新聞』2018年2月12日）。月々3万円を超える返済を続けられず自己破産を迫られる件数は年3000件を超え，2016年度時点で教育ローンによ

る自己破産は延べ 1 万 5000 件を数える（同）。

（2）住宅の貧困

わが国では，高等教育と同様，住宅は基本的に自己責任の領域とされてきた。同じ資本主義国でもヨーロッパでは，住宅政策は土地利用・都市計画とともに公共政策の主要課題の 1 つとして位置付けられ，イギリスでは住宅ストックの 19 ％（ピーク時は約 3 割），フランスでは家賃規制を伴う社会住宅が住宅ストックの 17.3 ％を占める。わが国は，アメリカと同様，持ち家中心主義を取り，そのため公営住宅の建設ピークは 1970 年初頭で，それ以降は徐々に建て替えに限定されていく。そのため，公営住宅ストックはピークの 2005 年以降減少に転じ，今日住宅ストック比率は 3.8 ％でしかない[10]。国民は，否応なしに持ち家か民営借家の選択を迫られる。

持ち家は，とりわけ大都市圏では家計の大きな負担となる。一極集中を続ける首都圏のマンション価格は年収の 6 倍，7 倍を超え，建売住宅価格は年収の 6 倍を超える。全国平均で見ても，土地・家屋買入のローン返済額は，対可処分所得で 18 〜 20 ％，月々の返済金額は 9 万円を上回る（国土交通省「平成 30 年住宅経済データ」）。返済金が毎月 9 万円を超え，返済金が可処分所得の 2 割となると，子どもの高等教育費の捻出，老後の準備の余裕は残らない。

金額的にも，また返済義務が 20 年，30 年という長期に及ぶため住宅ローンを組めない人々の多くが民営借家を選択せざるをえない。それゆえ，住宅ストックの 30 ％を占める民営借家には多くの低所得世帯が集中する。民営借家に住む 1656 万世帯の 70 ％は，所得階層の下位 50 ％の低所得世帯が占める。公共住宅への入居資

158

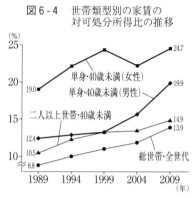

図6-4　世帯類型別の家賃の
　　　　対可処分所得比の推移

（出所）『平成24年国土交通白書』図表137(55ページ)。

格に相当する下位25%の所得階層の45.5%は民営借家に住む。

問題は，低所得世帯が集中する民営借家の住宅条件であり，狭くて家賃が高いという問題である。所得階層の下位50%の世帯が居住する民営借家1558万戸のうちの12.1%は最低居住面積を満たさず，また19.9%は月収に占める家賃が37.7%を上回る[11]。

民営借家の家賃がいかに生活の余裕を奪うのか。そのことを世帯類型別に見たのが図6-4である。それによると，40歳未満の若い単身世帯の家賃負担が1990年代以降高い上昇率を示す。2009年時点では，40歳未満，単身男性の家賃の対可処分所得は19.9%，単身女性では24.7%である。女性の場合，一般職や非正規の割合が高く，男女間の賃金格差が男女間の家賃負担格差の背後に存在すると考えられる。東京都区部では，単身世帯用マンションの家賃を考えると，家賃が可処分所得の半分を占めるケースも生じる。

民営借家の家賃問題はわが国だけの問題ではない。この問題に対し，ヨーロッパでは，公共住宅や家賃規制を伴う社会住宅の供給に加え，住宅手当制度をもって対応してきた。フランスでは21.1%，オーストリアでは18%，デンマークでは16.6%，イギリスでは15.0%の世帯が住宅手当を受給する[12]。しかし，わが国の住宅手当は生活保護世帯に限られる。

　わが国は，土地利用・開発の自由を原則とし，また住宅は自己責任を原則とする。そのため，公共住宅，住宅手当などの住宅政策は社会福祉政策の位置付けでしかなく，十分な予算的裏付けもない。その結果が，劣悪な住環境，生活の余裕を奪う高い住宅費である。

むすび

　以上，貧困大国化をもたらした責任は政策にあることを示した。人々の生活のための収入の減少，不安定化の最大の原因がワーキングプアの拡大にあり，このワーキングプアの拡大により，現役世帯から，退職高齢世帯，母子世帯，学生，子どもに貧困化が広がっていくこと，そしてこのワーキングプアの拡大を合法化した労働規制の緩和という政策責任は重い。また，人々の家庭生活を支え，守るはずの社会保障政策，社会政策の後退，縮小が貧困大国化の第 2 の政策責任である。自己責任論は，政策責任の回避であり，国民の目をそらす巧妙な罠である。労働政策，および社会保障政策における貧困化政策からの反転なくして，貧困大国からの脱却は望めない。

　経済界は，1990 年代，人件費の抑制，租税負担の回避をグローバル競争戦略として描いた。その戦略の具体化が，労働規制の緩和であり，法人税負担の合法的削減政策であった。法人課税が抑制，削減されれば，結果として消費税の引き上げか社会保障予算の削減が，政府に残された選択肢となる。要するに，労働規制の緩和，社会保障予算の削減は，経済界の戦略の結果であり，大手企業への所得集中を支えるための政策に他ならない。貧困大国化をもたらす政策が新自由主義政策である所以はここにある。それ

ゆえ，貧困大国化からの脱却は，貧困化をもたらす新自由主義政策を否定し，一部大手企業への所得集中という分配の歪みの是正に，正面から向き合うことが求められるのである。

第7章　アグリビジネスと食料主権

はじめに

　国連は，2017年とその翌年に農業に関する2つの重要な決議を採択する。1つは「国連家族農業の10年（2019 ― 2028年）」（2017年12月20日，以下「家族農業の10年」），2つは「小農及び農村で働く人々の権利に関する国連宣言」（2018年9月28日，以下「小農の権利」）である。前者「家族農業の10年」において，国連は，現行フードシステムが，第1に人々に十分かつ健康的な食料機会を保障せず，第2に土壌，水，生物多様性を含む自然資源，環境を劣化させ，第3に地域の食料循環を断ち切り，第4に農業者に公正な価格・所得を保障せず，したがって環境的にも社会的にも持続性を持たないとする。フードセキュリティ（持続可能な農業，およびその下で健康的，安全な食料の供給）の否定である。

　それゆえ，現行フードシステムから，家族農業を主軸とする新たなフードシステムへの転換が必要であるとして，家族農業支援プログラムを提示する。後者「小農の権利」は，フードシステム転換の前提として，家族農業を担う小規模農業者の自立と主体性の保障，さらには小規模農業者を含む地域，国が自らの食料およびフードシステムを決定する権利，そして環境を破壊することなく持続可能な仕方で生産された，健康的な食料を人々が入手する権利，これら農業者，住民，国民の食料主権の確立を宣言する。食料主権とは国民のフードセキュリティを追求し，実現する権利である。

　しかし，そもそも現在のフードシステムとは何か，またなぜそれはフードセキュリティを実現せず，食料主権を否定するのか。さらにいえば，政府，国際機構はなぜこれまで現行フードシステムを政策として推進してきたのか。国連の２つの決議は，現行フードシステムがもたらした弊害を指摘するものの，現行システムがなぜそうした弊害をもたらすのか，そのメカニズムについては触れない。しかし，現行フードシステムが農業者，国民の食料主権を否定するとはどういうことなのか，また現行フードシステムは，なぜ国民にフードセキュリティを保障しないのか，これらのなぜの解明によって初めて国連の２つの決議の意義と重要性が明らかになる。

　以下，第１に現行フードシステムとはアグリビジネス主導のフードシステムであること，したがって第２にその下では農業者，地域住民，国の食料主権は否定されること，第３にアグリビジネス主導のフードシステムは，伝統的農業を否定し，効率一辺倒の工業型農業を推進するが，その工業型農業は持続性を持たないこと，第４に工業型農業は食の安全を脅すことを明らかにする。

第１節　アグリビジネスとフードシステム

　健全な食料を得ることなくしてわれわれは生命を維持することはできず，社会を維持することもできない。それゆえ，農業は社会の基盤である。そのことは，農業生産額の GDP（国内総生産）に占める比重がどれ程であろうと変わりはない。基本的食料の自給は独立国家の条件でもある。

　農業者は，何千年にわたりその専門知識を駆使して，種子，肥料，道具，家畜を地域で取りそろえて生産を行い，収穫後は自家消費

と次年度用の種子を確保し，余剰部分を交換，販売，流通にまわしてきた。地域の資源を利用した伝統的な農業，地域循環型農業の営みである。

　しかし，今日農業分野への企業の参入が進む。種子，肥料，農薬，機械など川上といわれるインプット分野，そして川下といわれる農産物の流通，加工，販売分野への企業参入である。川上，川下への企業参入により，農業は，川上，川下両面において市場経済に組み込まれ，その市場は地域から，遠方の都会，さらに海外へと空間領域を拡大する。さらに，今日少数の巨大資本としてのアグリビジネスが川上，川下の市場支配権を握り，国の政策，さらには貿易ルールの決定権を握る。アグリビジネスが市場支配力を基に政策，ルール決定権を握るアグリビジネス管理型フードシステムの成立である。以下，本節では，アグリビジネスの経済的かつ政治的権力を分析することにより，今日のフードシステムがアグリビジネス管理型フードシステムであることを明らかにする。

（1）市場集中

　アグリビジネスは，第1に，農業，畜産の川上，川下において市場集中を進め，市場支配力，つまり経済的権力を獲得する[1]。フードシステム支配の要は種子である。2004年時点ですでに上位10社は商業用種子の49％を占めていたが，その後モンサントとバイエルとの合併，ダウとデュポンの合併，ケムチャイナとシンジェンタの合併により，上位5社の世界シェアは70.4％に上昇する。個別に見れば，ヨーロッパでは上位5社がトウモロコシの種子の75％，上位4社がビートの種子の86％，上位5社がトマトの種子の95％を握る。

　これら種子大手は，農薬大手でもあり，バイエル・モンサント，

ケムチャイナ・シンジェンタ，BASF，ダウ・デュポン，PMCの上位5社が世界市場の74.7%を占める。化学肥料，農業機械においても市場集中が進み，市場は寡占化する。

畜産においては，ブロイラーの商業用遺伝子はドイツのEWグループ，フランスのグループ・グリマウド，アメリカのタイソンフーズの3社が世界市場の95%，採卵用メン鶏の遺伝子はEWグループとアメリカのヘンドリックス・ISAの2社が世界市場の90%，豚については，EWグループ，イギリスのジーナス，ヘンドリックスの上位3社が世界市場の100%を握る。

下流においても市場は寡占化し，アグリビジネスが市場支配権を握る。穀物物流においては，アメリカのADM，ブンゲ，カーギル，フランスのルイス・ドレフィス4社が，世界の物流の90%のシェアを握る。

食品加工では，タイソンフーズ，カーギル，JBS（ブラジル），ナショナルビーフ（アメリカ）の4社が，牛肉加工市場の75%，豚肉加工では，WHスミスフィールド（中国），JBS，タイソンフーズ，オーウェル（アメリカ）がグローバル市場の70%をシェアする。ブロイラー加工では，タイソンフーズ，ピルグリムズ・プライド（アメリカ），サンダーソンファームズ（アメリカ），パーデュー（アメリカ）の4社がグローバル市場の53%をシェアする。

地域性の強い食品小売業では，アメリカの場合，ウォルマート以下上位5社が48.6%（2017年），イギリスでは，テスコ以下上位5社が75.7%（2020年），フランスでは，ルクレールグループ以下上位5社が78.0%（2019年），ドイツでは，エデカグループ以下上位5社が74.8%（2018年）のシェアを握る（Statista）。

アグリビジネスは，それぞれの市場で集中を進めるに留まらない。この水平的統合に加え，垂直的統合によりその市場支配力強

化を画る。垂直的統合は，アメリカにおいて1960年代のブロイラー飼育に始まり，その後，鶏卵，養豚，肉牛飼育へと広がる。例えば，コナグラは，国内外で穀物用農薬，化学肥料で大きなシェアを持つが，川下の流通分野においても，穀物貿易で世界第10位のシェアを持つ。さらに飼料製造，ブロイラー飼育，加工に参入する。

　アグリビジネスは互いに市場シェアを競うが，互いのシェア拡大に利するとなれば，パートナーシップ関係を形成する。農業機械，ドローン，衛星によって得られる気候，土壌，成育状況に関するビッグデータを活用し，農薬，肥料の使用，種子の選択と開発，これらのインテグレート化をセールスポイントとして市場シェアを高めるべく，農業機械大手のジョンディアは，2007年にシンジェンタ，2015年までにダウ，デュポン，バイエル，モンサント，BASF，これら農薬，種子メーカーとパートナーシップを形成する（Mooney and ETC Group, op. cit., pp.12-13）。

　市場集中と並び，アグリビジネスの市場支配力を支えるもう一つの戦略が，育成者権，特許といった知的財産権の独占である。野菜ではF1（一代雑種）が世界的に普及する。企業が有望なF1開発に成功すれば，当該企業はその市場を独占することが可能となる。農業者は，毎年必ずそのF1種を購入せざるをえない。F1では自家採種の利用ができないからである。F1以外の交配品種，遺伝子組み換え種子については，この間自家採種の禁止はアグリビジネスと農家との契約によるものもあった。しかし，1991年のUPOV条約（植物の新品種の保護に関する国際条約），続くTPP協定（環太平洋連携協定）によって育種権者の権利が強化され，農家による自家採種が広く禁止された。これによってアグリビジネスによる種子市場の独占強化が図られた。

166

（2）政治的権力

　市場集中，およびそれに基づく市場支配力は，アグリビジネス
の経済的権力を形成する。アグリビジネスは，第2に，この経済
的権力をテコとして政治的権力を獲得する。膨大な資金力を用い
た政治献金，ロビー活動による政府の取り込み，政策決定権の掌
握である。

　アグリビジネスによる政策支配は，アメリカ政府に始まり，ア
メリカ政府を介して，グローバルルール支配に及ぶ。アメリカでは，
レーガン政権以降，アメリカ農務省（USDA），環境保護庁（EPA），
食品医薬品局（FDA）の主要ポストをアグリビジネスの出身者，
業界関係者が押さえ，政策決定に直接参加するに至る。そのレー
ガン政権下，元カーギルCEOのD.アムスタッツはGATT（関税
と貿易に関する一般協定）ウルグアイラウンド交渉においてWTO
（世界貿易機関）農業協定の草案を作成する。ブッシュ政権下で農
務長官を務めたC.K.ヤイター，クリントン政権下でアメリカ通商
代表部（USTR）代表を務めたM.カンターはその後モンサントに
役員として天下る。また，食品医薬品局副長官を務めたモンサン
ト顧問弁護士M.テイラーは遺伝子組み換え作物と従来の作物とは
「実質的に同等」であり，新たな規制は必要ないとした。その後テ
イラーは，モンサント副社長に迎えられる。J.W.ブッシュ政権では，
農務省長官の元バイオ企業役員をはじめ農業，食品関連ポストを
ことごとくアグリビジネス関連企業の幹部が占める。オバマ政権
でもアグリビジネスと政府の癒着に変化はなく，食品医薬品局の
上級顧問にモンサント副社長M.テイラーが任命される。

　①規制緩和……政治権力を獲得したアグリビジネスは，農業，
食品分野においても新自由主義政策の導入を求め，新自由主義政
策のグローバルルール化を求めた。政策の変更，つまりルール変

更の第1は，環境・食の安全規制の緩和，撤廃である。農業・畜産の大規模化と効率化によるコストダウン，シェア拡大を求めるアグリビジネスにとって食品の安全規制は利益拡大に対する障害となる。そのため，レーガン政権時に，加工前の鶏の死亡・病気に関する検査は非義務化された。クリントン政権下，1996年にHACCP（Hazard Analysis and Critical Control Point，食品衛生管理）が食肉，家禽に適用されることになった。しかし，サルモネラ菌以外はサンプリング検査とされ，その上屠殺工程は除外され，さらにより簡便な放射線照射による殺菌が認められた。J. W. ブッシュ政権下では，施設型畜産から出る排泄物による地下水汚染が問題となる中，地下水の水質検査義務が廃止される。2003年にはアメリカでもBSE（狂牛病）の発生が確認される。しかし，農務省は，小規模農家が求めた原産地表示，全頭検査を拒否する。

　規制緩和は畜産部門に限定されない。アグリビジネスが新たな収入源として期待する遺伝子組み換え作物の規制緩和である。ブッシュ政権下の1992年，食品医薬品局は，遺伝子組み換え作物・食品のラベル表示を禁止した。そして，バイオ企業役員出身の農務省長官，A. ヴィーネマンは，遺伝子組み換えトマトの規制を廃止し，遺伝子組み換えトウモロコシによる食料援助を拒否した南アフリカ諸国に対し圧力をかけ，またEU（欧州連合）による遺伝子組み換え食品の輸入禁止措置に対し，WTOに提訴し禁止措置の撤廃を迫った[2]。なお，アメリカにおける食品安全規制の撤廃は，アメリカからの畜産品，穀物輸入依存度が高い日本にとって，食の安全性の問題に直結する。

　②……貿易自由化　アグリビジネスによるルール設定の第2は，国境規制の撤廃，貿易自由化である。ビジネスをグローバルに展開し，グローバル市場でシェアを競うアグリビジネスにとって各

国の国境規制は障害物でしかない。

アグリビジネスにとっての国境規制は、⑴輸入数量規制，関税措置，⑵補助金政策（国内農業保護，輸出助成），⑶衛生植物検疫規制である。これら国境規制の緩和，撤廃をグローバルルールとしたのがWTO協定である。WTO農業協定の原案を作成したのが，元カーギル副社長，D. アムスタッツであることはすでに触れた。

GATTの各ラウンド協議においても，農産品目ごとの，また各国ごとの数量規制の撤廃，関税引き下げは行われてきたが，WTO協定において，初めて数量規制の関税化原則が適用され，関税撤廃に向けた道筋が付けられた。

また，補助金について，補助金をその政策目的に応じて，黄，青，緑に分類し，黄に該当する価格支持政策，輸出補助金等については，削減が義務付けられた。

さらに，WTO協定は，衛生植物検疫措置に関して，「科学的根拠」，および「関連国際機関が作成した危険性評価の方法」に基づいて行うことを各国に義務付けた（第5条）。前者は安全リスクに対する「予防原則」の否定であり，後者は国際的ハーモナイゼーション（調和）の義務化であり，いずれも各国の検疫政策権限を著しく制約するルールである。

③知的財産権の保護強化……アグリビジネスによるルール設定の第3は，企業の知的財産権，とりわけ種子の知的財産権の拡充とその保護強化である。1980年，アメリカ最高裁で生物への特許適用が認められた。そのことを受け，EUでも植物，動物に関する特許が承認される。こうした特許対象の拡大を根拠に，WTO協定では，遺伝子組み換え，バイオ技術とその製品を特許保護の対象とした。その一方で，WTO協定は従来の伝統的な生物学的方法によって開発された種子，植物については特許の対象外として残す。

つまり，地元の農家が代々にわたり開発してきた種子は特許権の保護対象外としたのである。その上で，アグリビジネスは，企業が生物学的手法を用いて開発した種子について財産権を設定し（UPOV条約），1991年の条約改正により，農家による自家採取を禁止し，育種者の承諾をルール化する。別名，モンサント法と呼ばれる。モンサントは，自社の遺伝子組み換え種子の自家採種禁止を販売契約の条件とし，また各国に対しその法制度化を要求してきたからである。そして，TPP協定では，その遺伝子組み換え農作物の貿易拡大が新たなルールとして加えられる。

今日，アグリビジネスが市場集中を進め市場支配力を獲得し，さらにその政治権力を行使してフードシステムのルール設定権を握る。農業者，地域コミュニティ管理型フードシステムからアグリビジネス管理型フードシステムへの転換である。

第2節　食料主権の喪失

今日，アグリビジネスは，農業の川上，川下の各プロセスで高い市場集中度を実現し，その市場支配力をもって食料・農業政策，および貿易ルールの決定権を握る。フードシステムにおける新自由主義政策の適用である。このアグリビジネス管理型フードシステムの下では，食料主権，具体的には，農業者，地域コミュニティ，そして国家は，どのような作物・食料を，誰のために，どれだけ，どのようにして作るか，いくらの値段で提供するか，これらフードシステムの決定権を失う。

（1）農業者権利の否定

第1は，農業者の食料主権の喪失である。F1，そして遺伝子組

み換え種子をはじめ，企業が育成権を所有する種子の利用が広がれば，農業者は，それまで受け継いできた各地の気候，風土に適した種子の保存と開発，農家相互の種子交換はもはや認められない。種子と農薬がセットで販売されれば，農家に有機栽培はおろか，農薬の選択権も認められない。垂直統合された養鶏，養豚においては，家畜の遺伝子，飼料，動物医薬品は契約企業が提供し，農業者は企業の指示に従って働く労働者となる。農業者は，誰のために，どのような方法で，どのような食料を生産するか，その決定権を失う。

　さらに，農業者は食料主権の今一つの要件である価格決定についても，川上，川下両面において失う。売買，契約条件は，アグリビジネス主導の下に決定される。アメリカでは，1990 年から2015 年にかけて，農業インプット価格の上昇率は，農家の売り渡し価格の上昇率を上回る。ＥＵでは，2000 年から 2010 年にかけてインプット価格が 40％近く上昇する（IPES Food, op.cit., p.49）。川下に位置する大手スーパーは，バーゲンセールのコストを生産者に転嫁する[3]。ケンタッキーフライドチキンの小売価格が 26 ドルだとすると，ケンタッキーフライドチキン社が 21 ドル，ブロイラー加工業者が 4 ドルを受け取り，飼育農業者の取り分は 30 セント，売り上げ価格のわずか 1.2％でしかない[4]。

　アグリビジネス管理型フードシステムの下では，農業者は経営面でも自立性を失う。図 7 - 1 は，アメリカの農業者の世帯所得構成を経営規模別に見たものである。居住農家，中間農家と商業農家の区分は，売り上げが 35 万ドル未満かあるいはそれ以上かである。農業経営体の 54％を占める居住農家は，退職者，あるいは農業以外の仕事を主な職業とする農家であり，その農業所得は平均でマイナス 2694 ドルである。中間農業者は農業経営体の 37.5％

図 7-1　アメリカの農業者の所得構成(2018年)

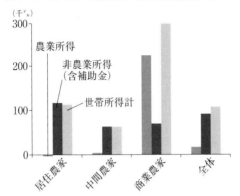

（出所）USDA Economic Research Ceries, Farm Household Income and Characteristics "principal farm operator household finances, by ERS farm typology, 2018."

を占め，農業を主な仕事とするにもかかわらず，農業所得はわずか1914ドル（約20万円）でしかない。農業以外の所得と政府の補助金で生計を維持する。経営体の8.4％を占める大規模商業農家にあっても，農業所得は世帯所得の約8割をカバーするに留まり，補助金に支えられている。居住農家，中間農家は，農業経営体の92％を占め，耕作面積の47.7％，生産高の21.1％を占める。食料主権を奪われた，これらの中間農家，居住農家が退出を迫られれば，農業者，農業技術の継承が困難となり，フードセキュリティを危くする。

(2) 各国食料主権の否定

　第2に，アグリビジネス管理型フードシステムは，新自由主義政策をグローバルルールとするが，実は，当該ルールは，国の食料・農業政策の手を縛り，各国の食料主権を否定する。かつて，累積債務を抱えた途上国は，IMF，世界銀行に融資の条件として「構

造調整プログラム（SAP）」の導入を迫られ，農産物貿易の自由化，国内補助金の削減，食料用作物から輸出換金作物への転換を求められた。現在，途上国では輸出向け作物（主にサトウキビ，パームオイル，大豆）の60％は外国アグリビジネスが所有する農地で生産される[5]。大規模モノカルチャープランテーション経営である。そこでは農業者は，作業労働者として扱われ，何の決定権も有しない。また，プランテーション経営は，地域コミュニティ，伝統的家族経営が担ってきた地域フードシステムの破壊を伴う。

　①貿易自由化……新自由主義政策というアグリビジネスルールによる食料主権の否定は，なにも途上国に限定されない。図7-2は，わが国の食料自給率低下の推移を追ったものである。1968年度73％あった食料自給率（カロリーベース）は2018年度の37％までほぼ一貫して低下する。輸入依存度の上昇は自国の食料供給を他国にゆだねること，つまり自国の食料主権を失うことを意味する。わが国は，戦後のアメリカによる対日支配，日米安保体制の下で，対米農産物貿易の自由化を迫られ，また政府自身，新自由主義的農業政策を次々と採用してきた。自給率の低下，国の食料主権の喪失はこうしたアグリビジネスルールを忠実に導入した結果である。

　アメリカは，第二次大戦の終結に伴いそれまでヨーロッパに輸出されていた穀物が行き場を失い，膨大な穀物在庫の対策を迫られていた。在庫処分先のターゲットとされたのが敗戦国日本であった。他方，当時食料難を抱えていた日本政府は，野党の反対にもかかわらず，1954年の日米相互防衛援助協定（MSA協定），1956年日米PL480法によるアメリカの対日無償小麦援助を受け入れた。無償といっても条件が付けられていた。小麦，トウモロコシ，飼料の輸入自由化である。そのため，政府は，1950年代初めに打

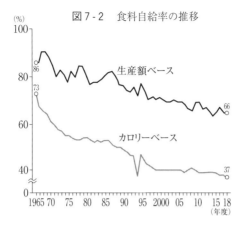

図 7 - 2　食料自給率の推移

（出所）農林水産省『令和元年度 食料・農業・農村白書』2020
　　　年 6 月 10 日，図表 1-1-1（88 ページ）。

ち出された米，麦に小規模畜産経営を加えた有畜複合経営による
農業再建策を早々と放棄する。麦，大豆，トウモロコシは増産支
援の対象から外し，米以外の穀物については自由化を受け入れた
のである。畜産についても，1954 年飼料用穀物の関税はゼロとさ
れ，輸入飼料に依存した畜産への道筋がつけられた。1960 年新日
米安保条約の「経済調和条項」を受け，農産品 121 品目の貿易自
由化が決定され，輸入制限品目は約 25 に減少する。

　1970 年代に入ると，アメリカは牛肉，豚肉，オレンジの輸入数
量規制の緩和，輸入拡大要求を強め，政府は 1991 年牛肉，オレン
ジの自由化（関税化）を受け入れる。1994 年ウルグアイラウンド
合意では，小麦，大麦，乳製品（バター，脱脂粉乳等），でん粉，
こんにゃく芋などの自由化を受け入れる[6]。

　さらに，2015 年 TPP 協定交渉では，交渉参加に際し，重要 5 品
目（小麦，米，牛肉・豚肉，乳製品，甘味資源作物）については，
関税引き下げ交渉の「除外又は再協議の対象」とするという全党

一致の国会決議が行われていた。にもかかわらず，TPP 交渉参加のための日米事前協議で国会決議は早々に捨て置かれ，最終的に政府は，重要 5 品目（細目 586 品目）のうち豚肉調整品等，174 細品目（30％）の関税撤廃を受け入れた。関税撤廃品目以外でも，小麦，チーズの関税引き下げ，牛肉は 38.5％から 9％へ，豚肉は 482 円／kg から 50 円／kg へと大幅な関税引き下げを受け入れた。政府は，この牛肉と豚肉に関する事実上の関税撤廃を 2017 年日欧 EPA（経済連携）協定，2019 年日米経済協定においても受け入れた。

②検疫規制の緩和……また，日本政府は，アメリカの農産物輸出圧力に応じるため，WTO 協定合意による義務を超えて，衛生植物検疫措置の規制緩和を受け入れてきた。アメリカの要望で TPP 交渉と並行して行われた日米 2 国間交渉において，食品ラベル表示について，日米両国政府による「作業部会」の設置が合意された（「保検等の非関税措置に関する日本政府とアメリカ合衆国政府との間の書簡」2016 年 2 月 4 日）。事実上，これは日本の食品表示行政へのアメリカ政府による介入を認めるものである。その後，日本政府は，2018 年にそれまでの「非遺伝子組み換え」表示を事実上不可能とするルール変更を行う。それまで重量 5％未満の混入であれば表示が可能であった。新たなルールは，「非検出」（0％）を「非遺伝子組み換え」表示の条件とした。そのため分別によっても混入がさけられない輸入農産物については，表示が事実上禁止されることになった。このルール変更は，モンサント社が求めた，非遺伝子組み換えラベル表示禁止ルールの受け入れを意味する。そして 2019 年，日本政府は，アメリカの措置にならい，外部遺伝子の挿入を伴わないゲノム編集食品については，表示義務対象外とした。さらに，前述の日米 2 国間協議合意において，収穫後の防カビ剤審査の簡素化，また日本国内では認められない食品

添加物の承認，さらには狂牛病リスクのあるゼラチン・コラーゲンの食品使用を受け入れた。

　③補助金削減……日本政府は，こうした一連の国境規制の緩和，撤廃を行う一方，農業者に対する補助金政策は，もともときわめて限定的であった。1995年に米の生産費を保障していた食料管理法が廃止され，そして2007年品目横断的経営安定対策により主要農産物の価格支持政策の廃止に代わる，直接所得保障政策が導入されるも，対象は認定農家に限定される。その後，一度は民主党政権が全農家に対する所得保障制度の導入を目指すも，政権交代に伴い認定農家制度が復括する。

　こうした新自由主義政策の一連の展開の結果が食料自給率37％である。さらに，穀物，たんぱく質摂取品目について個別に見れば，わが国の食料主権放棄の深刻度がより鮮明となる。トウモロコシの輸入依存度はほぼ100％，内80.7％はアメリカ産である。大豆の輸入依存度は93％，内71.7％はアメリカ産である。小麦の輸入依存度は86％，内70.8％はアメリカ産である。牛肉の輸入依存度は48％，内35.6％はアメリカ産であり，豚肉の輸入依存度は64％，内33.2％はアメリカ産である。飼料の自給率は26％でしかなく，そのため牛肉の自給率は8％，豚肉は6％，鶏肉は8％，鶏卵は12％でしかない。米以外の穀物，タンパク源の自給率は，37％をも下回り，しかもその最大の輸入先がアメリカ，つまりアグリビジネスである。

　④種子の私有財産化……この深刻な食料主権の崩壊状況を前にして，自民・公明政権はさらなる新自由主義政策の徹底化を図る。1つは，自治体が担ってきた穀物種子の開発と保存業務の民営化である。前述の日米2国間協議により，日本政府は一方的に「外国投資家その他利害関係者から」の「意見及び提言」を検討し「規

176

制改革会議」（規制改革推進会議）の下で「必要な措置をとる」こ
とを義務付けられる。その日米合意の7ヶ月後，2016年9月20
日の規制改革推進会議で突如「種子法」廃止が議題とされ，翌年
2月10日の閣議決定を経て衆参両院の審議時間12時間で強行採
決される。すでに触れたように，種子法廃止により，これまで都
道府県に課せられた主要穀物（稲，小麦，大麦，はだか麦，大豆）
の優良品種の開発と供給義務が廃止され，合わせて義務遂行を支
える国の予算措置が廃止された。さらにその2ヶ月後，「農業競争
力強化支援法」により，公的機関が持つ種子開発の知見の民間譲
渡が義務付けられる。公共財産としての種子，およびその種子の
開発と保存業務の民営化である。
　さらに，2020年「種苗法」が改正される。改正法は，育成権者
登録された種子を農業者が購入して栽培を行った場合，翌年度の
ための自家採種を禁止し，対価を支払って育成権者の許諾を得る
か，あるいは改めて種子を購入することを農家に義務付けるもの
である。自家採種禁止の法令化はモンサント社が強く法制化を他
国に求めていたものである。

第3節　農業の工業化とその非持続性

　アグリビジネス管理型フードシステムの下では，農業者の食料
主権は否定され，農業者は，どのようにして生産を行うか，生産
方法の選択権を行使しえない。シェア拡大，利益拡大を追求する
アグリビジネスは，農業，畜産に効率至上主義を持ち込み，農業
の工業化を押し進める。本節は，以下その農業，畜産の工業化と
は何か，また農業，畜産の工業化は環境破壊を引き起こし，農業，
畜産の持続性を否定するものであることを明らかにする。

(1) 農業の工業化

アグリビジネスは，シェア拡大，利益拡大を実現すべく，農業・畜産ビジネスをローカルからリージョン，さらにグローバルへと広げる。それに伴い，農業者は否応なしにグローバル市場での価格競争に巻き込まれることになる。グローバルマーケットで生き残るためには，経営規模を大規模化し，生産効率を上げ，コストを引き下げることが求められる[7]。具体的には，アグリビジネスがその価格支配力を行使し，農業者に対し経営規模を拡大し，生産効率を上げ，コストを引き下げることを求める。それに応じられない農業者は販売農家からの退出を迫られる。

一例が1994年NAFTA(北米自由貿易協定)である。協定により，カナダ，アメリカ，メキシコの国境規制が撤廃され，国際価格競争が激化する。その下で，アグリビジネスは，各国の市場を股にかけて農業者相互の価格競争をあおり，価格支配力を高め，各国で農産物の売り渡し価格を押さえ込むことに成功する。アグリビジネスは，北米市場での市場集中度を高め，利益を拡大する一方，各国の農業者は，価格低下に対応して，さらなる規模拡大，効率化を迫られたのである[8]。

問題は，大規模化による効率化がどのようにして実現されるのかである。

①モノカルチャー……第1はモノカルチャー化である。大規模経営は大型機械の導入を必要とするが，大型機械はモノカルチャーの下でその生産性を発揮する。伝統的家族農業では種々の作物栽培に家畜の飼育を加えた有畜複合経営が行われていた。豆科作物を組み入れることによって土壌養分の回復が図られ，家畜の排泄物も肥料として地力維持に役立てられた。伝統的農業は農業生

産をトータルで見た場合，単位面積当たりの生産性は低くない。しかし，個別の作物，畜産を単位にとれば，その生産性は大規模モノカルチャー経営におとり，国際的価格競争で生き残るのは難しい。それゆえ，グローバル市場で価格競争に勝ち抜くには，作物と畜産の分離，それぞれの品目の特化と機械化による大規模化，モノカルチャー化が不可避となる。畜産についても，家畜の品種を特定化した上で大規模施設型畜産（CAFO）経営が求められる。

　②化学肥料……第2は，化学肥料の大量投下である。モノカルチャー経営では土壌の肥沃度を保てない。混作，輪作，家畜の排泄物の利用に代えて，当該農業経営の外部から大量の化学肥料を持ち込むことが必要となる。地域農業内部で得られる栄養素，水にとらわれず，外部資源を大量に投入することによって短期的には生産性を上げることが可能となる。製造業での大量生産には，より大量の原材料投下が求められるのと同じ原理である。

　③農薬・抗生剤……しかし，第3に化学肥料など外部インプットに依存すれば，土壌，作物，家畜の間で行われる土壌微生物を介した有機物の生成と分解の自然循環が断たれ，作物は病害虫に対する抵抗力を失う。結果，農薬使用が不可欠となる。また，農薬は人手を省き生産性を上げる手段として利用される。遺伝子組み換え技術によって開発された除草剤耐性作物，作物に予め殺虫成分が組み込まれた Bt（Bacillusthuringiensis）作物がその一例である。大規模施設型畜産においては，遺伝子組み換え作物飼料，過密な環境での飼育により，家畜が病弱となり，それを防ぐべく大量の抗生剤がエサに加えられ投与されることになる。

　こうした大型機械の利用，化学肥料と農薬・抗生剤の大量投下，化学物質生産と長距離輸送に伴う化石燃料消費，これら巨額の投資と外部インプット依存によるモノカルチャー経営が「工業型農

業」である。農業の工業化の起源は，農業機械，化学産業の利用が可能となった 20 世紀に遡るが，今日，アグリビジネスが工業型農業推進の主体をなす。

(2) 非持続性

しかし，この工業型農業は，持続性を持たない。農業は自然の営みを利用する産業であるが故に，水を含む自然環境の維持，土壌微生物，植物，家畜の多様性が重要な要件となる。しかし，工業型農業はこれらの条件を満たさず，むしろ否定する。

①土壌の劣化……第 1 に，モノカルチャー，化学肥料，農薬の使用は，土壌の劣化を招く。土壌の豊かさは，「植物→動物（草食動物→肉食動物）→微生物→土→植物→動物→微生物→土」[9] という生物循環によって保たれる。微生物（根粒菌，菌根菌等）は植物が地中に放出する炭水化物をエサとして植物にミネラルを提供する。地中に住むミミズ，ムカデなどは有機物を分解し，糞として植物が吸収しやすい状態に変換し，さらに植物にとって望ましい土壌条件である団粒を形成する。工業型農業はこの土壌の再生循環を断ち切る。土壌循環の切断は，植物の栄養面での劣化を招くだけではなく，農地の利用をいずれ不可能とすると言われる。農薬散布による，授粉を媒介する昆虫の消失も農業にとって致命的である。

②水質汚染・枯渇……第 2 は，水の汚染と枯渇である。化学肥料，農薬は，河川，地下水に流出し，汚染する。チッソ肥料の流出は，過剰チッソによる藻の増殖をもたらす。農薬の河川，地下水への流出は，動植物に有害な影響を及ぼす。大規模施設型畜産から出る大量の糞尿は，再利用されることなく，アメリカでも河川，地下水に流出し，水質汚染の原因となっている。雨の少ない地域に

効率のみを考慮して多収量品種を導入すれば，地域の水循環を乱し，大規模灌漑の導入は塩害をもたらす。

　③多様性喪失……第3は，多様性の喪失である。各地域において地元の資源を利用しながら続けられてきた伝統的農業においては7000種の作物，210万以上の品種，家畜については40種類，7000以上の品種を育て，代々受け継がれてきた。しかし，工業型農業においては，12種の作物，8000以上の品種，家畜については，5種類，100以下の品種が，栽培あるいは飼育されているにすぎない[10]。工業型農業では，コスト削減のため特定の品種に限定されて生産されるからである。実際，農業の工業化による伝統的農業の縮小に伴い，この100年で94％の作物遺伝子が消失し，アメリカではこの80年で93％の作物遺伝子が消失した。スウィートコーンは1903年時点で307品種存在したが，1983年にはわずか13品種に激減する。環境変化，病害虫が発生した場合，多様な遺伝子の存在が対応を可能とする。多様性の喪失により，生態の安定性が失われる。

　モノカルチャー経営に加え，アグリビジネスによる種子独占もまた多様性喪失につながる。従来，種の多様性は，農業者が相互に種を交換し合い，自ら交配を繰り返しながら維持されてきたのであり，アグリビジネスによる種子の私有財産化は，そうした農業者の営みを否定し，自らはもうかる品種に生産を特定化するからである。

　さらに今日，アグリビジネスは種の消滅リスクをもたらす。遺伝子組み換え作物の投入である。さらに近年，ゲノム編集作物の生産が加わる。アメリカでは，大豆の94％，トウモロコシ，綿花の90％は遺伝子組み換えである。屋外栽培により花粉が風で運ばれ，あるいは輸送中にこぼれ，交配汚染が広がる。遺伝子組み換

え作物の栽培は 27 ヶ国で認可されるが，すでに日本を含む 50 ヶ
国で汚染が確認されている。遺伝子組み換え作物の種子は，作物・
植物には存在しない外来の，しかも除草剤耐性，あるいは殺虫性
遺伝子が組み込まれている。また，在来種との交配の際，遺伝子
操作によって組み込まれた外来遺伝子が当初の計画された DNA
の位置ではなく，ランダムに組み換えられることが明らかにされ
ている。遺伝子汚染が広がれば，人間は作物の種を失うことになる。

　④農村の空洞化……最後に，工業型農業は，農業の社会的基盤
である農村社会を空洞化する。1 つは，大規模化に伴う農村人口
の減少である。2 つは，農村からの所得流出である。農業者が受
け取る価格（farm gate price）は抑制され，小売価格とのギャップ
が拡大する。農業者は，入口（インプット）と出口（アウトプッ
ト）をアグリビジネスに押さえられ，また規模拡大による過剰生
産圧力，あるいは輸入圧力によっても生産費の回収が困難となる。
農村は疲弊し，空洞化することになる。

第4節　工業型農業と食の安全

　アグリビジネス管理型フードシステムによってもたらされる工
業型農業は，農業の持続性を否定すると同時に，食の安全を脅す。
農業の工業化と食の安全性リスクとは表裏一体の関係にある。

（1）残留農薬

　第1は，食品中の残留農薬の問題である。野菜に使用される農
薬は，水で洗っても，ゆでても除去しきれない。群馬県食品安全
センターの調査では，トマトの水洗いによる農薬の除去率は，フ
ェンバレレートで 34.3%，フェニトロチオンで 14.8%，ゆでたほ

うれん草でも，除去率はアセフェート 94.3％，クロルピリホス 16.4％でしかなく，食品に農薬が残留する[11]。また，農民連合食品分析センターの調査は，マクドナルド，モスバーガーのパンから小麦収穫後に使用されるマラチオン（神経毒）の残留を検出する（2001 年）。食品中の残留農薬基準は，動物実験で安全とされた濃度の 100 分の 1 と機械的に定められている。何故 100 分の 1 が安全なのかその科学的根拠はない。農薬が毒物であることに変わりなく，長期摂取の健康への影響は無視できない。

　①ネオニコチノイド系農薬 1990 年代以降，有機塩素系農薬の代替として，有機リン系農薬の使用が広がる。ネオニコチノイド系農薬である。近年，アメリカ，韓国，日本で，注意欠陥・多動性障害，自閉症，学習障害児童が急増する。環境脳神経科の科学者は，ネオニコチノイド系農薬が胎児，幼児の脳の発達に障害を与え，自閉症などの原因となると指摘する。欧州食品安全機関（EFSA）は，ネオニコチノイド系農薬が脳の発達を阻害する可能性があると公表する（2013 年）。

　図 7 - 3 は，自閉症，広汎性発達障害の有病率と単位面積当たりのネオニコチノイド系農薬使用量を各国ごとに示したものである。有病率の高い国程，単位面積当たりの農薬使用量が多いことがわかる。科学者の指摘を受け，EU では 2018 年にネオニコチノイド系農薬の屋外使用を禁止する。韓国，台湾，ブラジルでもすでに使用は禁止されている（『週刊朝日』2019 年 3 月 15 日，95 ページ）。

　②除草剤グリフォサート　今一つ，世界で注目を集める農薬が，除草剤耐性遺伝子組み換え作物とセットで販売されるラウンドアップ（主成分はグリフォサート）である。このモンサント社の農薬については，フランスのセラリーニ教授が発がん性を指摘し（2012 年），アメリカの研究者，サムセルとセネフが腸内細菌のバ

図7-3　単位面積当たり農薬使用量と自閉症，
広汎性発達障害有病率

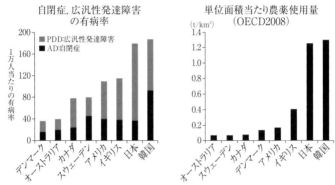

（出所）木村（黒田）純子・黒田洋一郎「自閉症・ADHDなど発達障害の原因としての
環境化学物質——遺伝と環境の相互作用と農薬などの暴露による脳神経，免疫
系の攪乱——」，『臨床環境医学』（第22回日本臨床環境医学会学術集会特集），
第23巻1号，2014年，図3（9ページ）。

ランスを壊し，アミノ酸形成に関わるシト・クロムP 450酵素の
活動を阻害すると発表する。WHO（世界保健機関）の外部組織で
ある「国際がん研究機関（IARC）」，さらにMIT（マサチューセッ
ツ工科大），カリフォルニア大の研究者も発がん性を指摘する。

その発がん性物質グリフォサートが日本の小麦食品から検出さ
れている（農民連合食品分析センター，2019年）。アメリカやカ
ナダでは小麦収穫前に小麦と雑草を枯らして収穫効率を上げるた
めにラウンドアップが散布されている。アメリカでは，オート麦
をベースとするシリアル食品45サンプル中43サンプルからグリ
フォサートを検出，うち31サンプルは基準を上回る残留を検出す
る[12]。検出43サンプルには，日本でも販売されるクウォーカーグ
ラノーラも含まれる[13]。

グリフォサート除草剤については，ドイツがホームセンターで
の販売を禁止，フランスは2019年1月即時販売禁止，コロンビア，

スリランカでも使用が禁止されている。しかし，日本ではアメリカの残留濃度基準緩和に合わせて，2017年小麦，甜菜，そば麦，ひまわりの残留基準が6倍から400倍に緩和された。

(2) 耐性菌

食の安全性リスクの第2は，大規模施設型畜産の現場での抗生剤，抗菌剤の大量使用とそれに伴う多剤耐性菌の発生である。抗菌剤は家畜の疾病治療・予防，および成長促進剤としても使用され，その結果1980年代以降薬剤耐性菌が出現し，2013年時で薬剤耐性菌による死者は世界で70万人以上と報告されている。アメリカ食品医薬品局の調査（2011年）によれば，鶏肉，七面鳥ひき肉で検出されたサルモネラ菌のそれぞれ44.9％，50.0％が3種類以上の抗生物質に対し耐性を示した。カンピロバクターについても，鶏肉，七面鳥のひき肉から検出された634菌株のうち9菌株については，3種類以上の抗生物質に対し耐性を示した。イギリスでは，生の鳥肉の3分の2からカンピロバクター菌汚染が確認された（2014年）。

家畜への抗菌剤使用量では中国，アメリカが世界の1位，2位を占めるが，家畜1kg当たりの使用量で見ると，豚肉，鶏肉では日本が世界第1位の使用量を示す。日本の抗菌剤使用の58％は動物用に使用されている。施設型飼育の生産性を上げるためであり，そうした肉の消費を介して日本人は不必要な抗生剤を大量に摂取しているのである（『週刊金曜日』2018年12月14日, 53ページ）。

(3) 合成ホルモン

食の安全性リスクの第3は，牛の成長促進，あるいは催乳を促す遺伝子組み換えホルモン剤（ポジラック）の使用とその健康リ

スクである。牛成長ホルモンは，日本では使用が禁止されている
が，アメリカ，オーストラリアでは認められている。成分のエス
トロゲンは，乳がん等ホルモン依存性がんを発生させるとして，
EU は 1989 年に成長促進ホルモンが投与された牛肉の輸入を禁止
する。さらにポジラック投与の乳製品も輸入禁止する。その後 EU
では 10 年間で，国によって 24.3％から 49.5％，乳がんの発生率が
減少する（『AERA』2014 年 5 月 26 日，58 ページ）。実は，催乳
ホルモン剤，ポジラックは，アメリカ議会局調査でも，牛の健康
を阻害し，乳房炎を発生させるとしてそのリスクが指摘されてい
た。にもかかわらずアグリビジネスの対政府工作により 1993 年に
市販が認可された経緯がある。

（4）食品添加剤

　食の安全性リスクの第 4 は，化学合成，遺伝子操作技術によっ
て生産された食品添加物の使用拡大である。農業，食品製造の大
規模化，市場拡大に伴い，長距離輸送，長期保存のための添加
剤，さらには香り付け，着色剤，加工を容易にするための増粘剤
等，食品添加剤の使用が拡大してきた。アメリカでは，添加物の
規制緩和（GRAS 制度）により，第三者のチェックを受けること
なく，企業判断での添加物使用が拡大され，添加物は戦後 800 か
ら 10000 に拡大する。

　わが国でもコンビニ弁当には多数の添加剤が使用されている。
認可済みの食品赤色 40 号，保存剤の安息香酸ナトリウムについ
て，イギリスのサウサンプトン大学の研究グループが両添加剤の
同時摂取は子どもの多動性障害をもたらすと警告する（『週刊新潮』
2013 年 5 月 23 日）。アメリカによる衛生食物検疫規制の緩和要求
を受け，これまで日本は，柑橘類に使用されている防カビ剤に発

がん性があるにもかかわらず，農薬としてではなく食品添加物として認可し，TPP並行2国間協議においても腎臓，膀胱機能の低下を招くアルミ添加物4種を認可した。

(5) 遺伝子組み換え食品

リスクの第5は，遺伝子組み換え食品，ゲノム編集食品である。日本は遺伝子組み換え穀物の輸入依存度が高く，またゲノム編集食品についても高オイレン酸大豆，除草剤耐性ナタネが今後，無表記のまま輸入される可能性がある。日本でもサナテックシード社がゲノム編集によるギャバ高蓄積トマトを開発し，安全検査・審査を経ることなく家庭菜園用に配布を行っている。

そもそも，遺伝子組み換え作物が，食品，飼料として安全であるという証明は，開発・販売企業のモンサントによっても，販売を認可したアメリカ食品医薬品局によってもなされていない。にもかかわらず食品医薬品局は，遺伝子組み換え作物と自然界における同種の作物とは「ほとんど同一である」という「実質的同等性の原則」を立て，前者を規制の対象外としたのである。しかし，食品医薬品局のこの決定は，同等とは認められないとする局内研究者の意見を無視して，当時食品医薬品局副長官であった，元モンサントの顧問弁護士 M. テイラー（後にモンサント副社長に天下る）が政治的判断で行ったものである[14]。

しかも，その後，複数の研究者が動物実験により遺伝子組み換え作物の発がん性を指摘し，米国環境医学会は，遺伝子組み換え食品が健康被害をもたらす可能性が高いとして，即時販売中止を要請する[15]（2009年）。先に言及した，セラリーニ教授の研究チームは，ラットの実験で，遺伝子組み換えトウモロコシを含む餌を与えた集団，除草剤ラウンドアップを遺伝子組み換えトウモロコ

シにかけた餌を与えた集団，ラウンドアップを含んだ水を与えた集団を観察し，いずれの集団も，非遺伝子組み換えトウモロコシを与えた集団と比較して，2 ～ 3 倍の確率で内臓障害，皮膚がん，乳がん，消化器系への障害，早期死亡を引き起こすことを確認する。

　1 つは，遺伝子組み換え作物は残留農薬，あるいは殺虫成分の運び屋となるからである。

　2 つは，遺伝子組み換え作物の成分は，ジャガイモにせよ，トウモロコシにせよ，従来の作物と化学成分が異なり，従来のものとは異なるタンパク質を含むからである（前掲『モンサント』279 ページ，http://www.proteomesci.com/content/11/1/46）。

　3 つは，遺伝子操作技術そのものの未熟さである。遺伝子組み換え DNA の断片が「まったく無秩序な仕方で，植物遺伝子内のバラバラな場所に組み込まれている」（同，378 ページ），「ランダムに組み込まれ」（同，388 ページ）ている事実をカリファルニア大学バークレイ校の生物学者 D. クウィストと I. チャペラは『ネイチャー』誌に発表する。ゲノム編集では，目的とする DNA 以外の DNA を切断してしまう「オフターゲット」が生じ，またゲノム編集されたものと，されないものが入り交じる「モザイク」現象が生じる[16]。さらに，遺伝子操作および操作確認のため細胞外部からウイルス遺伝子，あるいは抗生物質耐性遺伝子が挿入されるため，予期しない小さな RNA（DNA の情報を基にタンパク質を合成）を大量に生成することが明らかにされている[17]。

　近年，遺伝子はそれぞれが様々な複数の機能を持ち，また相互に情報ネットワークを形成することが明らかとなってきた。遺伝子操作技術は，そうした遺伝子の仕組みを考慮せず，遺伝子を機械部品として扱う未熟なものなのである。

（6）水質汚染

　食の安全性リスクの第6は水質汚染である。有害な農薬，大量のチッソ肥料，家畜の排泄物による河川，地下水の汚染が広がる。河川，地下水の汚染は海洋汚染をもたらし，動植物を介して人間の体も汚染されることになる。自然は循環するからである。

（7）栄養劣化

　最後に，工業型農業は，作物の栄養面で伝統的作物におとる。伝統的野菜に比べ，ミネラル含有量が少なく，また従来の畜産品に比べ脂肪分が多くなり，DHA の含有量が少ない（『日本経済新聞』（デジタル版）2015 年 2 月 17 日）。

むすび

　以上，われわれは，今日のフードシステムは，アグリビジネスが市場を支配し，かつ政策，貿易ルールを決定するアグリビジネス管理型フードシステムであること，そしてそのアグリビジネス管理型フードシステムは，持続可能な農業の下で安全な食料を生産するという，農業者・コミュニティ・国の食料主権を否定することを明らかにした。ここに，国連が提唱する小規模農業者の主権の確保とそれに基づく家族農業を土台とするフードシステムへの転換の根拠がある。

　それゆえ，この転換を成し遂げるためには，国連決議が提言する家族農業に対する政策支援に留まらず，現行アグリビジネス管理型フードシステムを解体する必要がある。アグリビジネスによる市場集中，市場支配を排除し，アグリビジネスによる新自由主

義ルール（規制緩和，民営化，貿易自由化，種子の私的財産化）を廃止する必要がある。このアグリビジネス管理型フードシステムをスクラップにすることなくして，新たなフードシステムへの転換は実現しない。

おわりに

　マニュファクチュア資本主義，産業資本主義の経済原理をそれ
ぞれ論じた A. スミス，K. マルクスは，資本主義社会を資本家，
労働者，地主の三大階級社会と捉え，生産活動によって生み出さ
れた付加価値が利潤，賃金，地代として三大階級の間にどのよう
に分配されるのか，その根拠とメカニズムを明らかにした。今日，
資本は独占資本と中小資本に分化し，付加価値の分配は，労働者，
中小企業，自営業から独占資本優位にシフトする。独占資本，世
界的には，GAFA を初めとするアメリカ独占資本への所得集中が
進行する。ここに現代資本主義の歴史的特質がある。上位 1％，
0.1％への著しい所得集中はこの独占資本への所得集中の結果に他
ならなかった。

　その独占資本への所得集中の鍵をなすのが，独占資本への権力
集中であった。それゆえ，この権力集中の分析と確定作業を踏ま
えて初めて，新たな社会目標はその実現のための手立て，道筋を
得ることが可能となる。格差是正，分断社会の克服を初めとする
社会変革のためには，社会動向のイニシアティブを握り，分断社
会をもたらした，現代資本主義社会の権力分析が不可欠の前提を
なす。

　今日の独占資本の権力は，(1) 市場集中とそれに基づく市場支
配力，および，(2) 独占資本による政治と行政の取り込み，すな
わち政官財癒着にあった。独占資本はこの権力を行使して新自由
主義政策を導入する。新自由主義政策によって権力行使の障害が
取り除かれた独占資本は，労働者，中小企業，自営業者，地域共

同体，そして消費者から独占レントを徴収する，そのフリーハン
ドを獲得する。こうした独占資本への権力集中と所得集中の結果
が，労働条件の後退と崩壊，ワーキングプアの拡大，中小企業や
自営業の経営難，歳出の私物化，公共サービス・公共財の縮小，
エコロジー循環の切断と生命危機であった。独占資本への権力集
中と持続可能な社会とは両立しない。

　人間らしい働き方，つつましくも不安のない生活，活力ある地
域コミュニティ，再生可能なエコロジー循環をどう取り戻し実現
するのか。本書の分析から得られる社会変革のアウトラインは以
下の4ステップである。

　第1ステップは，独占資本ビジネスに第1優先権とフリーハン
ドを与えた新自由主義政策の撤回，廃止である。具体的には，反
労働組合政策，労働規制の緩和，反トラスト規制の緩和，これら
の政策は廃止されなければならない。また，所得に応じた租税原
則の徹底，公共政策・公共財の縮小政策の廃止と拡充政策への転換，
地域共同体の権利保護と支援策の導入である。さらに，独占資本
のビジネス保護とそのための弱肉強食型自由貿易ルールではなく，
各国の政策裁量権を認め，各国地域コミュニティの利益と各国相
互協力を基本原則とする貿易ルールの構築が求められる。

　第2ステップは，新自由主義体制を生み出した独占資本の権力
そのものにメスを入れることである。1つは，政官財癒着構造の
断ち切りであり，企業による政治献金，多額の資金提供を伴うロ
ビー活動，官僚の天下りの禁止である。2つは，反トラスト規制
緩和の中止，規制強化である。市場集中度規制とともに独占資本
による市場支配に対する規制とその体制強化が求められる。

　第3ステップは，独占資本への権力集中に代わる，国民主権の
実現である。そのためには，独占資本ビジネス優先に傾き歪めら

れた，政治，行政，司法，マスコミ，これら国家の統治機構全般の仕組みの是正，変革が求められる。結論的に言えば，これら国家の統治機構に対する国民監視と国民自身による統治機構への参加の制度化である。この改革には長い年月と大きな困難が伴う。国民自身が情報の理解力を高め，民主主義の担い手として育っていく必要がある。少数のリーダーだけで成し遂げられるわけではない。しかし，この変革が困難なものであるとはいえ，次に述べる第4ステップが掲げる，持続可能な社会の実現に向けた具体的社会目標が，人々の共通認識となり，その目標実現のために多くの人々が行動に参加する中で，第3ステップの変革も進んでいくと考えられる。確固とした社会的達成目標が定まり，その実現のための活動が広がれば，課題実現にとって既存統治機構制度のどこに問題があるのか，その障害が人々の目にも明確になるからである。

　では，第4ステップとして，人類が目指すべき社会的目標とは何か。インドの哲学者，V. シヴァが説く「地球民主主義」が一つの参考になる[1]。シヴァは地球民主主義として4原則を掲げる。国連のSDGsの17の目標はこのシヴァの4原則をより具体化したものである。シヴァは，人々が幸せな生活を実現するための4原則として，(1) 自然の循環と生物の多様性を守るエコロジー原則，(2) 生命に不可欠な水，種子などの自然資源の共有原則（私有化の禁止），(3) 基本的生活が保障される生活権原則，(4) 生活の場である地域経済の自立性，地域主権を保障する地域コミュニティ原則を掲げる。われわれは，これら4原則を人類，世界の憲法として掲げ，その実現を目指し，その実現の障害となる，独占資本の権力と行動，政策，国際協定，さらには国家および世界統治の制度を変えていかなければならない。人類は，独占資本への権

力と所得集中を放置し，分断を生む弱肉強食型社会，エコロジー破壊の道をこのまま進めるのか，あるいは国民が決定権を回復し，すべての人々，生命にとって幸せな共生社会の建設に向け一歩を踏み出すのか，大きな選択を迫られているのである。

第 1 〜 7 章　注

第 1 章

1) Oxfam (2018) "Reward Work, Not Wealth," January, 2018.

2) Credit Suisse (2021) *Global Wealth Report 2021*, June, 2021, Table 3 (p.24).

3) Saez, E. (2015) "U.S. Income Inequality Persists amid Overall Growth in 2014," Washington Center for Equitable Growth, June 29, 2015, Figure 2.

4) Piketty, T. (2015) *Capital in the Twenty-First Century* (traslated by A.Goldhammer), April 15, 2014. (山形浩生訳)『21 世紀の資本』みすず書房，2014 年。

5) Bakija, J., A. Cole and B. T. Heim (2012) "Jobs and Income Growth of Top Earners and the Causes of Changing Income Inequality: Evidence from Tax Return Data," *Department of Economics Working Paper*, Williams College, February 20, 2012.

6) Bakija et al., op. cit., Table 7a.

7) Mishel, L. and J. Kandra (2021) "CEO Pay Has Skyrocketed 1,322% since 1978: CEOs Were Paid 351 Times as much as a Typical Worker in 2020," Economic Policy Institute, August 10, 2021,

8) Yardeni Research, Inc. (2021) "Corporate Finance Briefing: S&P500 Buybacks & Dividends, " August 6, 2021.

9) Phillips, M. (2019)"This Stock Market Rally Has Everything, Except Investors," *The New York Times*, February 25，2019.

10)　Yardeni Research, Inc., op. cit.

11)　『日本経済新聞』2019 年 3 月 21 日。

12) Piketty, op. cit. Ch. 10-11.

13)『日本経済新聞』2018 年 8 月 30 日。

14)『日本経済新聞』2017 年 9 月 5 日。

第 2 章

1) Smith, A. (1950) *An Inquiry into the Nature and Causes of the Wealth of Nations*, (ed.) by Edwin Cannan, 6th edition, 2vols, London. (大内兵衛・松川七郎訳)『諸国民の富』Ⅰ，Ⅱ，岩波書店，1969 年。以下，引用ページはキャナン版の原ページを示す。

2）K. マルクス『資本論』（第 1 巻）（カール・マルクス‐フリードリッヒ・エンゲルス全集，第 23 巻）大月書店，1968 年。以下引用は，ディーツ版原ページを示す。

3）J. A. ホブスン（1902）『帝国主義論』（矢内原忠雄訳）岩波書店，上巻，1851 年，下巻 1952 年。

4）R. ヒルファーディング（1910）『金融資本論』（林要訳）大月書店，1952 年。

5）B. レーニン（1917）『帝国主義論』（副島種典訳）大月書店，1952 年。

6）Hendrickson, M. et al. (2020) "The Food System: Concentration and Its Impacts," *A Special Report to the Family Farm Action Alliance*, November 19, 2020, pp.4-5.

7）Kelleher, D., C. Kline and V. Daka (2016) "Stopping Wall Street's Derivatives Dealer Club," *Policy Brief*, Better Market, February, 2016, p.1.

8）Kwoka, J. E. (2017) "U.S. Antitrust and Competition Policy amid the New Merger Wave," Equitable Growth.

9）Gustavo G., Y. Larkin, and R. Michaely (2017) "Are U.S. Industries Becoming More Concentrated?" *Swiss Finance Institute Research Paper Series No.19-41*, August, 2017.

10）Anderson, S. and J. Cavanagh (2000) "Top 200: The Rise of Global Corporate Power," Corporate Watch.

11）UNCTAD (2018) *Trade and Development Report 2018*, Figure 2.14(p.57).

12）Biersack, B. (2018) "8 Years Later: How Citizens United Changed Campaign Finance," Center for Responsive Politics, February 7, 2018.

13）Public Citizen (2014) "The Dark Side of Citizens United: The U.S. Chamber of Commerce is the Biggest Spender of Undisclosed Money in 28 of 35 Congressional Contents," October 29, 2014, Table1.

14）堤未果『（株）貧困大国アメリカ』岩波書店，2013 年，第 5 章。

15）Corporate Europe Observatory (2016) "Revolving Door Round-up," March 17, 2016.

16）Corporate Europe Observatory (2020) "From Facebook Friends to Lobby Consultants: EU Revolving Door Rules Not Fit for Purpose," October 22, 2020.

17）Center for Responsive Politics (2020) "Lobbying Data Summary," 2020.

18）Corporate Europe Observatory (2020) "Digital Lobby," September 23, 2020.

19）グーグル他 IT 大手 5 社は，EU が 2022 年の導入を目指す IT 産業規制を骨抜きにすべく，2020 年上半期ですでに 1900 万ユーロ（約 24 億

円）をロビー活動資金として支出する（Satariano, A. and M. Stevis-Gridneff (2020) "Big Tech Turns its Lobbyists Loose on Europe, Alarming Regulators," *The New York Times*, December 14, 2020）。

20）Ziebell, A. (2017) "The Koch Government: How the Koch Brothers' Agenda Has Infiltrated the Trump Administration," Public Citizen, November 30, 2017.

21）佐々木憲昭「財界支配の研究：『安倍一強』政治の歴史的背景と矛盾（下）」『経済』2018 年 8 月，119 ページ。

22）同，115 ページ。

23）『しんぶん赤旗（日曜版）』2019 年 6 月 16 日，および 7 月 21 日。

24）『しんぶん赤旗（日曜版）』2019 年 6 月 23 日。

25）Baker, D. (2020) "Fixing Capitalism: Stopping Inequality at Its Source," in *The Inequality Crisis*, (eds.) by Fullbrook, E. and J. Morgan, World Economics Association.

26）Faux, J. (2006) *The Global Class War: How America's Bipartisan Elite Lost Our Future-and What It Will Take to Win It Back*, John Wiley & Sons, Inc., pp.82-83.

27）福田泰雄『コーポレート・グローバリゼーションと地域主権』桜井書店，2010 年，第 2 章参照。

28）Juhasz, A. (2002) "Citigroup: Bankrupting Democracy. Serving Cities Interests. GATS and the Bid to Remove Barriers to Financial Firm Globalization," *Multinational Monitor*, Vol.23, No.4, April, 2002.

29）Corporate Europe Observatory (2018) "JEFTA: An Exclusive Trade between EU Negotiators and Big Business," May 28, 2018.

30）Tansey, R. ed. (2018) "Corporate Capture in Europe: When Big Business Dominates Policy-Making and Threatens Our Right," The Alliance for Lobbying Transparency and Ethics Regulation in the EU, September 24, 2018, p.30. ただし，トランプ政権のパリ協定からの離脱により，EU は 2019 年 4 月に TTIP 交渉中止を決定。

31）福田泰雄「TPP 協定は国民の主権，生存権を放棄する」『経済』2016 年 10 月。

32）TPP 協定は，その第 18 章「知的財産」において，WTO 協定よりさらに強固な保護規定をルール化する。医薬品に関して，第 1 に製造プロセス，製品に加え，既存の製品の新たな利用法，既存生産物を用いた新たな製造プロセスが特許対象に加えられた。第 2 は特許承認が「不合理」

に遅れた場合の特許期間の延長，第3はパテントリンケージ（ジェネリック医薬品販売に際しての特許保有者への通知），第4は特許申請時に提出された試験データの5年間の非開示，バイオ医薬品については8年間の非開示である。

著作権に関しては，2001年にWTO大臣会議で合意されたACT（Anti-Counterfeiting Trade Agreement）を上回る保護ルールが決定された。第1に保護期間の50年から70年への延長に加え，第2に模造品の輸入差し止め，模造品の再輸出に対する税関差し止めが国の責務として課され，第3に著作権侵害の刑罰化，民事訴訟における損失額枠の撤廃，第4に著作権保護技術を解除する手法提供に関して，利益目的の場合の刑事罰適用，非意図的提供の場合の損害賠償義務がルール化された。

なお，TPP協定の知的財産権ルールは米国が最終段階で協定協議から抜けたため，第18章は，各国の薬価手続きへの外国企業の介入を正当化する第26章「透明性と腐敗の防止」付属書A「医薬品と医療機器にかんする透明性とプロセスの公平性」，第3条「手続きの公平な実施」とともにペンディングとされている。

しかし，日本の場合は，事情が異なる。日本はTPP日米並行協議において，日本側は一方的に譲歩し，審議会・諮問委員会の運営において「外国の関係者を含むすべての利害関係者に対し……意見書を提出する有意義な機会を提供することを含め……利害関係者が審議会等の会合を傍聴し，または審議会等の会議に出席し，もしくは意見書を提出することを認め」（「保険等の非関税措置に関する日本国政府とアメリカ合衆国政府との間の書簡」2016年2月4日，10ページ），さらに「TPP協定第18章（知的財産）の関係規定の円滑かつ効果的な実施のために必要な措をとる」ことをアメリカに対して約束しているからである（同書簡，17ページ）。

33）Deborah, J. (2020) "Digital Trade Rules: A Disastrous New Constitution for the Global Economy, by and for Big Tech," Rosa-Luxemburg-Stiftung Brussels Office.

第3章

1）UNCTAD (2018) *Trade and Development Report 2018*,Table2.3（p.56.）

2）UNCTAD (2018) "Corporate Rent-Seeking, Market Power and Inequality: Time for a Multilateral Trust Buster," *Policy Brief*, No.66, May 2018, Figure 1.

3）Economist (2016) "Too Much of a Good Thing," *The Economist*, March 26,

2016, pp.24-25.

4）UNCTAD (2020) *Trade and Development Report 2020*, Figure 3.1 (p.65). なお，労働分配率の低下については，次の文献も参照。Guerriero, M. (2012) "The Labour Share of Income around the World. Evidence from a Panel Dataset," Paper Prepared for the 4th Economic Development International Conference of GRETHA/GRES および，OECD (2015) " Income Inequality and Labour Income Share in G20 Countries: Trends, Impacts and Causes."

5）ILO (2019) *Global Wage Report 2018/2019*, Figure 3 (p.4).

6）厚生労働省「平成 26 年就業形態の多様化に関する総合実態調査の概況」2015 年 11 月 4 日，参考表 5。

7）厚生労働省「平成 29 年度能力開発調査」2018 年。

8）野村総合研究所「コロナ禍で急増する女性の『実質的失業』と『支援からの孤立』——新型コロナの影響でシフトが減ったパート・アルバイト女性に関する調査」第 302 回 NRI メディアフォーラム，2021 年 1 月 19 日。

9）厚生労働省，前掲「平成 26 年就業形態の多様化に関する総合実態調査の概況」，表 14。

10）川上資人「『ギグエコノミー』がはらむ労働・雇用の法的問題」『経済』2018 年 9 月。

11）総務省「平成 24 年就業構造基本調査」，厚生労働省「医師需給に係る医師の勤務状況調査」2006 年，および厚生労働省「第一回医師の働き方改革に関する検討会」2017 年 8 月 2 日配布資料。

12）濱口佳一郎『労働法令通信』2011 年 1 月 8・18 号，『しんぶん赤旗（日曜版）』2011 年 10 月 16 日。

13）濱口佳一郎『EU の労働法政策』労働政策研究・研修機構，2017 年。

14）『エコノミスト』2018 年 6 月 19 日，11 - 12 頁，『東京新聞』2020 年 10 月 16 日，谷伸介「大阪薬科大学事件最高裁判決」『労働法律旬報』No.1974，2020 年 12 月 25 日，井上幸夫「メトロコマース事件最高裁判決について」同誌，および沢路毅彦「同一賃金巡る司法判断」『朝日新聞』2021 年 1 月 25 日。

15）筒井晴彦「世界 124 ヶ国の労働時間」『前衛』2018 年 10 月。

16）Ewing, J. (2011) "Temp Workers in Germany Dismay Unions," *The New York Times*, April 19, 2011; Porter, E. (2013) "Americanized Labor Policy is Spreading in Europe," *The New York Times*, December 3, 2013. および「イタ

リア　労働法改悪に抗議」『しんぶん赤旗』2014 年 12 月 16 日。

17）Faux, op. cit., pp.82-83.

18）Liptak, A. (2018) "Supreme Court Upholds Workplace Arbitration Contracts Barring Class Action," *The New York Times*, May 21, 2018; Neufeld, J. (2018) "Read: The Supreme Court's Majority Opinion in Janus v. AFSCME," *Vox*, June 27, 2018, 10:11am EDT.

19）Corporate Europe Observatory (2013) "Business Europe and the European Commission: in League against Labor Right?" March 11, 2013.

20）Foster, J. B. and R. W. McChesney (2011) *The Endless Crisis*, Monthly Review, Chart4.2 (p.106).

21）US Bureau of Economic Analysis (2020) "U.S. Direct Investment Abroad: Majority-Owned Foreign Affiliates," August 21, 2020.

22）経済産業省「第 48 回海外事業活動基本調査概要」2019 年，5 月 15 日。

23）Hira R., and A. Hira (2005) *Outsourcing America: What's Behind Our National Crisis and How We Can Reclaim American Jobs*, Amacom.

24）*Economic Report of the President*, January, 2021, Table B-29 (p.492).

25）総務省「労働力調査（基本集計）　長期時系列データ」（各年版）。

26）Schmitt, J. and A. Mitukiewicz (2011) "Politics Matter: Changes in Unionization Rate in Rich Countries, 1960-2010," Center for Economic and Policy Research, November, 2011.

27）Schmitt, J. (2012) "Low-Wage Lessons," Center for Economic and Policy Research, January, 2012.

28）Farber, H.S. et al. (2018) "Unions and Inequality over the Twentieth Century: New Evidence from Survey Data," *NBER Working Paper*, No.24587, May, 2018, Figure 1 (p. 46).

第 4 章

1）薄木正治「自動車の部品メーカーはいま」『経済』2009 年 9 月，『日本経済新聞』2010 年 5 月 12 日。

2）『しんぶん赤旗』2018 年 11 月 27 日。

3）栗須格他「流通・サービス産業と中小企業・業者の役割」『経済』2017 年 9 月，表 2，表 3（61 ページ）。

4）食品産業センター「平成 29 年度食品産業における取引慣行の実態調

査報告」2018 年 6 月。

5）Strom, S. (2015) "Big Companies Pay Later, Squeezing Their Suppliers," *The New York Times*, April 6, 2015.

6）Oxfam (2005) "The Coffee Chain Game: An Activity on Trade for Ages 13 and Above," p.13.

7）Barrientos, S., G. Greffi and J. Pickles (2016) "New Dynamics of Upgrading Terrain for Suppliers and Workers in the Global South," *An Environment and Planning*, p.1214; *Economist*, January 28, 2017, p.15.

8）「格安ジーンズ、9 か国を旅してドイツに届く」『ビッグイシュー』345 号，2018 年 12 月 15 日，18 ページ。

9）China Labor Watch (2018) "Amazon Profit from Secretly Oppressing its Supplier's Workers," June 10, 2018.

10）Barrientos et al., op. cit., p.1215.

11）South Centre (2014) "Global Value Chain: Unpacking the Issues of Concern for Developing Countries," *South Bulletin*, Issue 77, February 4, 2014, p.24.

12）GAFA 独占をもたらした反トラスト法規制緩和の歴史とその影響については，次の文献参照。Khan, R. M. (2017) "Amazon's Antitrust Paradox," *The Yale Law Journal*, Vol.126, No.3, January, 2017. レーガン政権は，シカゴ学派の新自由主義主張に沿う形で反トラスト規制の緩和を行う。市場構造を規制の対象外とし，市場の「効率性」（価格低下による消費者利益）を反トラスト規制の基準に据える。この基準の下，シャーマン法を補完するクレイトン法が禁止した略奪的価格設定（predatory pricing），垂直合併を合法とした。こうした反トラスト規制の緩和により，その後，多くの M&A が規制当局の検査対象外とされた。2005 年から 2014 年にかけて行われた M&A15,000 件のうち審査対象とされたのはわずか 3％であった（*The Economist*, March 26, 2016）。

13）GAFA の市場支配と反トラスト行動については，以下の文献参照。Hubbard, S. (2020) "Competition in Digital Technology Markets: Examining Self-Preferencing by Digital Platformers," Testimony before Senate Judiciary Committee, Subcommittee on Antitrust, Competition Policy and Consumer Rights, March 10, 2020; Hubbard, S. (2020) *Monopolies Suck: 7 Ways Big Corporations Rule Your Life and How to Take Back Control*, Simon & Schuster; Lynn, B. C. (2020) *Liberty from All Masters*, St. Martin's Group;　および United States Congress, House of Representatives, and Committee on the

Judiciary (2020) *Investigation of Competition in Digital Markets: Majority Staff Report and Recommendations.*

14）「米 Amazon が次に『破壊』する 9 つの業界」『日本経済新聞 (電子版)』2020 年 12 月 7 日。

15）中川雅博「進化し成長するクラウド市場，アメリカ 3 強が争う世界覇権」『週刊東洋経済』2019 年 1 月 26 日，48 - 49 ページ。

16）Kanter, J.（2009）"Europe Fines Intel $ 1.45 Billion in Antitrust Case," *The New York Times*, May 14, 2009; Boffey, D. (2017) "Google Fined Record €2.4bn by EU over Search Engine Results," *The Guardian*, June 27, 2017.

17）Baker, A.（2018）"Brussels Set to Hit Google with Biggest Fine over Abusing Android Dominance," *Financial Times*, July 18, 2018.

18）赤井大祐「Apple, Facebook など巨大 IT 企業『GAMAM』の収益構造をグラフ化してみたら，あるキーワードが浮かび上がってきた」（https://finders.me/articles.php?id=2119）。

19）Kanter, J.（2009）"Europe Fines Intel $1.45 Billion in Antitrust Case," *The New York Times*, May 14, 2009. その後，グーグルがその約 2 倍の制裁金額を課される。Boffey, D. (2017) "Google Fined Record £2.4bn by EU over Search Engine Results," *The Guardian*, June 27, 2017.

20）『日経新聞』2018 年 11 月 3 日，『しんぶん赤旗』2018 年 12 月 12 日，公正取引委員会「デジタル・プラットフォームマーの取引慣行に関する実態調査報告書（オンラインモール・アプリストアにおける事業者間取引）」2019 年 10 月。

21）西條都夫「アマゾンを追い詰めた学術論文」『日本経済新聞（電子版）』2018 年 3 月 31 日，6 時 30 分，および『朝日新聞』2020 年 9 月 11 日。

22）Kwoka, J. (2014) *Mergers, Merger Control, and Remedies: A Retrospective Analysis of U.S. Policy*, MIT Press, Cambridge, Ma. 病院経営の M&A と医療費の上昇については，次の文献参照。Open Markets Institute (2019) "The Role of Hospital Monopolies in America's Health Care Crisis."

23）Blonigen B. A. and J. R. Pierce (2016) "Evidence for the Effects of Mergers on Market Power and Efficiency," *NBER Working Paper* 22750, October 2016; Grullon, G., Y. Larkin and R. Michaely (2019) "Are US Industries Becoming More Concentrated?" *Review of Finance,* April 23, 2019.

24）Khan, R. M. and S. Vaheesan (2017) "Market Power and Inequality: Antitrust Counterrevolution and Its Discontents," *Harvard Law & Policy Review*,

Vol. 11.

25）『しんぶん赤旗』2019 年 2 月 18 日，同 3 月 13 日。

26）Better Market (2021) *Report: Wall Street's Crime Spree 1998-2020*, January 13, 2021.

27）Epstein, J. and J. A. Montecino (2016) *Over Charged: The High Cost of High Finance*, Roosevelt Institute, July, 2016, p.33; Mackenzie, H. (2014) *Risky Business: Canada's Retirement Income System*, Canadian Centre for Policy Alternatives, March, 2014.

28）Epstein and Montecino, op. cit., p.39.

29）Cave, D. (2018) "Australia's Big Banks Dominate, Costing Consumers Dearly, Report Says," *The New York Times*, August 4, 2018.

30）Iqbal, N. (2019) "The Consumers' Champion Chasing Mastercard for £14bn," *The Guardian*, April 20, 2019.

31）Greenberg, J. S. (2013) "Major Bank Aid in Payday Loans Banned by States," *The New York Times*, February 23, 2013.

32）Greenberg, J. S. and M. Corkery (2014) "Is a Subprime Bubble for Used Cars, Borrowers Pay Sky-High Rates," *The New York Times*, July 19, 2014.

33）Wager, D. and M. Baker (2015) "Warren Buffett's Mobile Home Empire Preys on the Poor: Billionaire Profit at Every Step, from Building to Selling to High Cost Lending," Center for Public Integrity, April 3, 2015.

34）Connor, J. M. and R. H. Lande (2012) "Cartels as Rational Business Strategy: Crime Pay," *Cardozo Law Review*, No.34, p.430, Table 2 (p.486).

35）Boffey, D.（2018）"German Carmakers Face EU Inquiry over Emission Technology," *The Guardian*, September 18, 2018.

36）Toplensky, R., S. Morris and E. Szalay (2019) "Global Bank Handed　£1bn in Fines for Rigging Foreign Exchange Rates," *Financial Times*, May 17, 2019; Corkery, M. and B. Protess (2015) "Rigging of Foreign Exchange Market Makes Felons of Top Banks," *The New York Times*, May 20, 2015.

37）Collins, S. (2016) "1,000-fold Mark-up for Drug Prices in High Income Countries Blocks Access to HIV, HCV and Cancer Drugs," *The Body Pr*o, October 24, 2016.

38）Baker, D.(2018) "Sanders-Khanna Bill Would Stop Monopoly Drug Pricing in the US," *Truthout*, December 3, 2018.

39）Lazonick, W. et al. (2017) "US Pharma's Financialized Business Model,"

Institute for New Economic Thinking, *Working Paper*, No.60, 2017.

40）「後発品の薬価，16 年度改定で更なる引き下げ，詳細は薬価調査待ち―中医協・薬価専門部会」『診療報酬改定ウォッチ』2015 年 10 月 29 日。

第 5 章

1）Clemente, F. et al. (2017) "Corporate Tax Chartbook," Economic Policy Institute, June 1, 2017, p.5.

2）Gardner, M. et al. (2019) "Corporate Tax Avoidance Remains Rampant under New Tax Law," Institute on Tax and Economic Policy, April, 2019, p.1.

3）Mclntyre, R. S. et al. (2014) "The Sorry State of Corporate Taxes," Citizens for Tax Justice and Institute on Taxation & Economic Policy, February, 2014.

4）富岡幸雄「税金を払わない大企業リストの公表―法人税改革の方向を誤るな―」『商学論纂』第 56 巻 3・4 号，2014 年 11 月，図表 4（300 ページ），図 5（302 ページ）。

5）Phillips, R. et al. (2017) "Offshore Shell Games 2017: The Use of Offshore Tax Havens by Fortune 500 Companies," Institute on Tax and Economic Policy and U.S. PIRG Education Fund, October, 2017, p.1.

6）Mansour, M.B. (2019) "New Ranking Reveals Corporate Tax Havens behind Breakdown of Global Corporate Tax System: Toll of UK's Tax War Exposed," Tax Justice Network, May 28, 2019.

7）各国の税制の違いを利用した，IT 企業，医薬品企業による租税回避手法の一例として次の文献参照。Kang, S. S. and T. Ngo (2011) "Corporate America Untaxed: Tax Avoidance on the Rise," Greening Institute.

8）Zucman, G. et al. (2018) "The Missing Profits of Nations," *NBER Working Paper*, No.24701, June 5, 2018. アメリカの多国籍企業は，利益の 60％をタックスヘイブンに登録する（"How Should Multinationals Be Taxed?" *The Economist*, May 10, 2021）。

9）Alecci, S. (2021) "European Plans to Unify Corporate Tax Rules and Recoup Billions Faces Steep Hurdles Ahead," International Consortium of Investigative Journalism, May 21, 2021; Duhigg, C. and D. Kocieniewski (2012) "How Apple Sidesteps Billions in Tax," *The New York Times*, April 28, 2012.

10）Barker, A. (2019) "Nike's Dutch Tax Deals Scrutinized," *Financial Times*, January 11, 2019.

11）Bernard, J. G. and P. Jansky (2021) "Profit Shifting of Multinational

Corporations Worldwide," *Working Paper*, No. 119, International Centre for Tax and Development, March, 2021, p.9.

12）Tax Justice Network (2020) "The State of Tax Justice 2020: Tax Justice in the Time of COVID-19," November, 2020, p.18, p.30, p.43.

13）丸井龍平「税逃れと投機の温床＝タックスヘイブンで儲ける金融機関」『前衛』2016 年 11 月号。

14）ソフトバンクグループは，2016 年 3 月までの 4 年間でタックスヘイブンの子会社所得約 939 億円を申告せず，タックスヘイブン対税制の適用を免れていたとして東京国税局に指摘され，約 37 億円の追徴課税を課された（『朝日新聞』2018 年 4 月 18 日）。

15）OECD の 2 本柱案への対案については 2）の文献，および次の文献を参照。UN (2021) *FACTI Panel Report: Financial Integrity for Sustainable Development*, February, 2021.

16）Wang, C. (2012) "The Excessive Profits of Defense Contractors: Evidence and Determinants," *Journal of Public Procurement*, Vol.12, Issue 3, pp.386-406, Fall, 2012.

17）Serbu, J. (2019) "IG: 4,400 Percent Profits Margins Show Need for Reform in DoD Spare Parts Market," *Federal News Network*, March 15, 2019.

18）『しんぶん赤旗（日曜版）』2018 年 6 月 17 日。

19）『読売新聞』2021 年 3 月 1 日。

20）『週刊ダイヤモンド』2019 年 3 月 23 日，および『日本経済新聞』2021 年 3 月 1 日参照。

21）『しんぶん赤旗』2018 年 4 月 2 日，『しんぶん赤旗（日曜版）』2019 年 9 月 15 日，『しんぶん赤旗（日曜版）』2020 年 9 月 13 日参照。

22）『しんぶん赤旗（日曜版）』2016 年 9 月 25 日。

23）『しんぶん赤旗（日曜版）』2017 年 10 月 29 日。立木信「『HARUMI FLAG』住民訴訟に新たな動き　不動産鑑定士たちが指摘する激安価格のカラクリと問題点」*Uchicomi Times*，2020 年 12 月 2 日。

24）『朝日新聞』2020 年 6 月 3 日，『しんぶん赤旗』2020 年 6 月 14 日。

25）『朝日新聞』2018 年 7 月 30 日，2019 年 6 月 18 日，古賀茂明「安部首相は官民ファンドを即刻全廃すべきだ」*AERAdot*，2018 年 12 月 10 日，『東京新聞』2019 年 10 月 30 日。

26）『しんぶん赤旗』2015 年 11 月 3 日。

27）『朝日新聞』2018 年 11 月 23 日，および Kishimoto, S., et al. (eds.)

(2015) *Our Public Water Future: The Global Experience with Remunicipalisation*, PSIRU, April, 2015, Ch.4 を参照。

28）Watts, J. (2018) "Michael Gove Launches Searing Attack on Water Company Bosses over Tax Avoidance and Executive Pay," *The Independent*, March 1, 2018; Kollewe, J. (2019) "Regulator Orders Water Bills in England and Wales to Be Cut by £50," *The Guardian*, July 19, 2019.

29）Kishimoto et al., op. cit. Ch.3.

30）Food and Water Watch (2016) "The State of Public Water in The United States," February, 2016.

31）The Intercept (2018) "From Pittsburgh to Flint, the Dire Consequences of Giving Private Companies Responsibility."

32）「水道事業にも『公設民営』」『朝日新聞』2018 年 11 月 23 日。

33）藤井潤「私の視点　公営維持で安全な水守れ」『朝日新聞』2019 年 4 月 9 日。

34）HM Treasury Report (2018) "PF1 and PF2," National Audit Office, P.14, P.18.

35）『しんぶん赤旗（日曜版）』2019 年 9 月 22 日。

36）Investigate Europe (2020) "Grey Gold － The Billion Euro Business of Elder Care," July, 2021; Investigate Europe (2020) "Cashing in on Care － The UK and Europe," July 16, 2021.

37）Corporate Europe Observatory (2021) "When the Market Becomes Deadly," January, 2021.

38）田代洋一「安倍政権の農協改革と TPP」『経済』2017 年 2 月。

39）山田正彦『タネはどうなる !?（新装増補版）種子法廃止と種苗法改定を検証』サイゾー，2021 年。

40）橋本正一「牛乳・乳製品の安定供給を脅かす指定団体制度の『廃止』」『前衛』2016 年 12 月，清水池義治「日本酪農の現状と課題」『経済』2017 年 10 月。

41）Rankin, J and Agencies (2015) "Dairy Farmers Payment Delayed as Milk Becomes Cheaper than Water," *The Guardian*, January 12, 2015.

42）森林経営管理法については，中嶋健造「『新たな森林管理システム』の問題点と 3 つの提言」2018 年 2 月 5 日，および『日本農業新聞』2018 年 5 月 16 日参照。

43）加瀬和俊「沿岸漁業への企業参入と漁業権」『経済』2018 年 2 月，長

　　谷川健二「歴史の流れに逆行する水産庁『漁業法改正案』の問題点」『前衛』2019 年 9 月，二平章「漁業法改悪と沿岸家族漁業」『前衛』2019 年 9 月。

44）小倉正行「大型量販・流通のための『市場』づくりをねらう卸売市場法改正問題」『前衛』2017 年 10 月，斎藤敏之「卸売市場を切り刻む卸売市場法『改革』の愚挙」『前衛』2018 年 5 月，三國英實「卸売市場をめぐる攻防 —— 卸売市場法改正案のねらいと築地市場移転」『経済』2018 年 6 月。

第 6 章

1）相対的貧困率とは，等価可処分所得を並べてその中央値の 1/2（貧困ライン）以下の所得の世帯員の割合である。等価可処分所得は，可処分所得（世帯収入 - 税・社会保険料）を世帯人数の平方根で除した値。

2）後藤道夫「不可能な努力の押し付けと闘う」（今野晴貴・藤田孝典編『闘わなければ社会は壊れる』岩波書店，2019 年所収）図 2（76 ページ）参照。

3）内閣府「子供の貧困に関する現状」2018 年。

4）戸室健作「資料紹介　都道府県別の貧困率，ワーキングプア率，子供の貧困率，捕捉率の検討」『山形大学人文学部研究年報』第 13 号，2016 年 3 月。

5）吉中季子「非正規労働と年金」『貧困研究』Vol.21，2018 年 12 月，図 1 参照。

6）是枝俊悟「平成の 30 年間，家計の税・社会保険料はどう変わってきたか」大和総研レポート，2018 年 6 月 21 日。

7）河村健吉「公的年金の給与設計の改革方向を考える」『前衛』2017 年 8 月，186 ページ。

8）尾藤廣喜「生活保護制度—今何が問題で，どう展望するか」『前衛』2018 年 10 月，45 ページ。

9）連合総合生活開発研究所『ワーキングプアに関する連合・連合総研共同調査研究報告書（監）（分析編）〜困難な時代を生きる人々の仕事と生活の実態〜』2011 年。

10）平山洋介「住宅保障政策を問いなおす」『世界』2017 年 7 月，181 ページ，183 ページ参照。

11）坂庭国晴「住宅基本政策にみる住宅困窮者対策の問題点」『経済』2016 年 2 月。

12）平山前掲論文，図 2（183 ページ）。

208

第 7 章

1) フードシステムにおける市場集中については次の文献参照。IPES Food (2017) "Too Big To Feed,"; Mooney, P. and ETC Group (2018) *Blocking the Chain*.

2) 規制緩和については, 以下の文献参照。Mattera, P. (2004) "USDA Inc.: How Agribusiness Hijacked Regulatory Policy at the U.S. Department of Agriculture," Good Job First, July 23, 2004.

3) Glaister, D. (2015) "Farmers Feel the Squeeze from Supermarket Deals," *The Guardian*, May 10, 2015.

4) 堤未果『(株) 貧困大国アメリカ』岩波書店, 2013 年, 43 ページ。

5) Oxfam (2019) " Ten Years after the Global Food Crisis, Rural Women still Bear the Blunt of Poverty and Hunger," March, 2019.

6) 清水徹朗他「貿易自由化と日本農業の重要品目」『農林金融』2012 年 12 月, 表 2 (24 ページ)。

7) Sachs, W. et al. (2007) "World and the Regeneration of Agriculture," *Ecofair Trade Dialogue, Discussion Paper*, No.9, April, 2007, Heinrich Böll Foundation, p.23, p.41.

8) Public Citizen's Global Trade Watch (2001) "Down on the Farm: NAFTA's Seven-Years War on Farmers and Ranchers in the U.S., Canada and Mexico," June, 2001.

9) 大野和興『日本の農業を考える』岩波ジュニア新書, 2004 年, 151 ページ。

10) ETC Group (2007) "Who Will Feed US?: The Peasant Food Web vs. The Industrial Food Chain," 3rd ed.

11) 群馬県『ちょっと気になる農薬の話』2006 年, 78 ページ。

12) Temkin, A. (2018) "Breakfast with a Dose of Roundup?" Environmental Working Group, August 15, 2018.

13) 小倉正行「発がん物質がなぜ日本のパンに検出されるのか」『前衛』2019 年 9 月, 天笠啓祐「セラリーニ教授報告から—ラウンドアップが危険な理由」『週刊金曜日』2019 年 11 月 15 日。

14) マリー＝モニク・ロバン (戸田清監修, 村澤真保呂・上尾真道訳)『モンサント』作品社, 2015 年, 7 章 - 8 章参照。

15) 天笠啓祐『ゲノム操作・遺伝子組み換え食品入門』緑風出版, 2019 年, 186 ページ。

16）同書，124 ページ。

17）天笠啓祐「ゲノム操作は人間と社会をどう変化させうるか」『世界』
　　2018 年 7 月，109 ページ。

おわりに

1 ）Shiva, V. (2005) *Earth Democracy: Justice, Sustainability, and Peace*, South End
　　Press.

索　引

福田　泰雄（ふくだ　やすお）

1951年　東京に生まれる

1976年　一橋大学卒業

1981年　一橋大学大学院博士課程単位取得

2003年　京都大学博士（経済学）取得

2016年　一橋大学名誉教授

2021年　一橋大学特任教授

著書『現代市場経済とインフレーション』同文館出版，1992年

　　　『土地の商品化と都市問題』同文館出版，1993年

　　　『現代日本の分配構造――生活貧困化の経済理論』青木書店，2002年

　　　『コーポレート・グローバリゼーションと地域主権』桜井書店，2010年

格差社会の謎
―― 持続可能な社会への道しるべ ――

2021年12月15日 第1版第1刷印刷	著　者	福田　泰雄
2021年12月25日 第1版第1刷発行	発行者	千田　顯史

〒113―0033 東京都文京区本郷4丁目17―2

発行所　　（株）創風社　電話（03）3818―4161　FAX（03）3818―4173
　　　　　　　　　　　　振替 00120―1―129648
　　　　　　　　http://www.soufusha.co.jp

落丁本 ・ 乱丁本はおとりかえいたします　　　　　印刷・製本　協友印刷

ISBN978―4―88352―269-9